2024年の大改正に完全対応

新しいNISA かんたん最強のお金づくり

ファイナンシャルプランナー
株式会社ウェルスペント代表
横田健一

河出書房新社

新しいNISA《ニーサ》をフル活用すれば人生はすばらしく変わる！——はじめに

「新しいNISAを利用して、毎月2万円の〝ほったらかし積立投資〟を35年間つづければ、誰でも2、200万円くらいの財産をつくれます」といったら、あなたは信じますか？

本書を読めば理解していただけると思いますが、これは決して絵空事《えそらごと》ではありません。

断言しましょう。投資といっても、株価が上がりそうな銘柄を探しだし、安いときに買って高いときに売り抜ける、スマホで株価をチェックしつづけてタイミングを逃さない、そういったことはいっさい必要ありません。

すべきことは「新しいNISA」の口座を開設し、1本の投資信託を選んで、積立投資を毎月つづけるだけ。あとは、基本的にほったらかしでOKです。しかも、その1本の商品も、本書で紹介している「おすすめインデックスファンド6本」の中から選べばいいのです。決して難しいことではありません。

NISA口座の開設や、商品選び、積立設定など、はじめての人にはとっつきにくいこともあるでしょう。しかし、あなたのこれからの人生でいちばん若い日である、本書を手に取っているまさに今日からNISAを始めていけば、先ほどのような2、200万円というお金を手にできる可能性が高まるのです（前提＝世界株式インデックスファンドを対象として利回り5％、毎月2万円、35年間、積立元本合計840万円）。

「投資信託とはいっても、けっきょくは株式投資なんでしょ？」「元本割れすることもあるんでしょ？」「ゼロ金利の時代に利回り5％なんてウソでしょ？」「35年先の時点で儲《もう》かってるなんて断言できるの？」…など、疑いたくなる点があるかもしれません。

そんな不安を払拭《ふっしょく》していただくために、本書では「新しいNISA」についての説明にくわえて、第6章では〈なぜ投資信託を利用した株式への投資が儲かるのか〉〈利益を生みだすおおもとは何なのか〉〈長期での投資であれば、リスクは限定的になる〉など、実際のリアルなデータを使って、くわしく説明しています。

「新しいNISA」を活用して資産形成するかどうかは、もちろんあなたの判断です。しかし、その判断は本書を読んでからでも、決して遅くはありません。人生100年時代といわれ、定年退職となる60歳以降にすごす時間は延びつづけています。「新しいNISA」

のある人生とない人生では、お金の面で大きく異なる可能性が高いのです。

「新しいNISA」は、利便性が飛躍的に高まったため、誰もが利用しやすくなりました。20～30代の人が20～40年など長期にわたって資産形成していく、子育てファミリーが教育費を準備するために利用する、50代以降から退職金などのまとまったお金で老後に備えていく……など、さまざまな活用プランが考えられます。

「新しいNISA」について、すぐにでも理解したいという人は、第1章からお読みください。「そもそも投資って怪《あや》しいのでは？」と思われている人は、第6章からお読みいただき、その後に「新しいNISA」について理解を深めてもよいでしょう。

お金がすべてを解決する、なんてことはありません。ありませんが、ないよりはあったほうが、人生の選択肢が増え、不安や不満の少ない、より満たされた人生を送っていけるのではないでしょうか。本書を手に「新しいNISA」をじょうずに使って、より幸せな人生を歩んでいくための一歩を踏みだしましょう！

横田健一

おことわり

＊本書では令和５年度税制改正により、2024年から開始される新しいNISA制度（少額投資非課税制度）を「新しいNISA」とよんでいます。

＊本書では、とくにことわりのない限り、復興特別所得税は考慮していません。

＊本書では正確性よりも、わかりやすさを優先している部分があるため、一部において専門用語や説明が厳密ではない箇所も含まれています。

＊一般的に課税口座としては、特定口座や一般口座などがありますが、本書ではわかりやすさを優先して、すべて特定口座と記載しています。

＊本書に掲載している事項は、情報の提供のみを目的としており、本書および著者が、証券その他の金融商品の取引の勧誘や取引の推奨等をすることを目的としたものではありません。また、本書の中のいかなる内容も、将来の運用成果または投資収益を示唆《しさ》あるいは保証するものではありません。最終的な投資の決定は、ご自身の判断でされるようお願いします。

＊本書の内容は、執筆時点において、信頼できると判断する情報から構成しており、その正確性には注意をはらっておりますが、読者の皆様がこれらの情報を用いておこなう判断のいっさいについて、本書および著者が責任を負うものではありません。

プロローグ 新しいNISAですべてに満たされた人生を！

1章 新しいNISAの「仕組み」を理解しよう！

2章 新しいNISAの「賢い使い方」を知る！

3章 「世代・家族構成」別 新しいNISAの活用法！

7章 新しいNISAを充実させる「家計管理、ライフプラン」の極意！

カバーデザイン◉こやまたかこ
イラスト◉マメハル/PIXTA、AC
協力◉NEO企画

本書の読み方

本書を読みすすめる際には、つぎのような順番で読むのがおすすめです。

プロローグのつぎは、「新しいNISA」について確認したい方は第1章へ、「そもそも投資というのはどういうものか」を確認したい方は第6章へすすんでください。

また、第3～5章は、どの順番で読んでも大丈夫ですので、第2章のつぎは興味のある章へすすんでください。

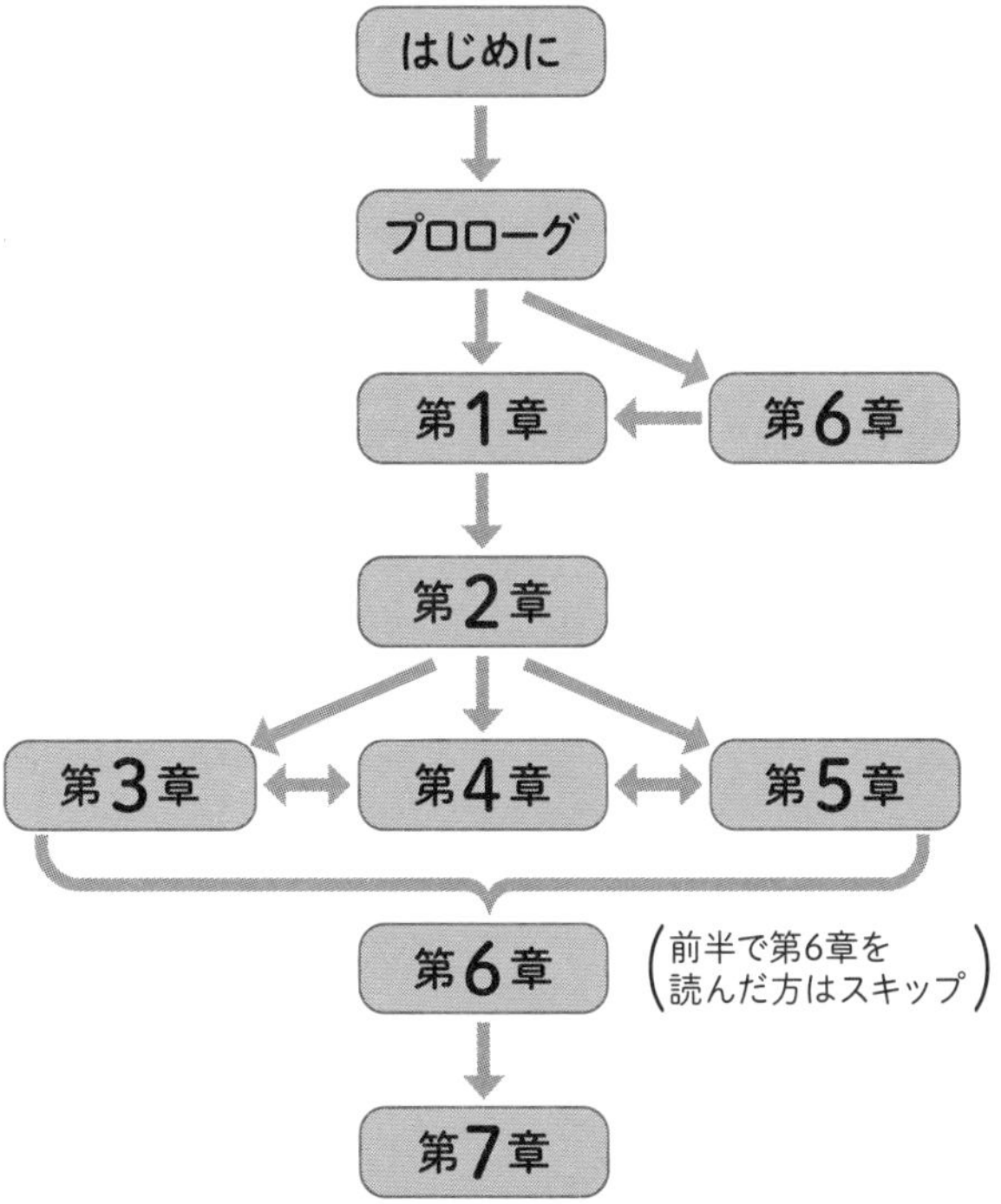

[新しいNISAで資産形成]の手順

新しいNISAを活用して、これから資産形成を始めようという方が、具体的にどのような手順で実践していけばよいか、参考にしてください。

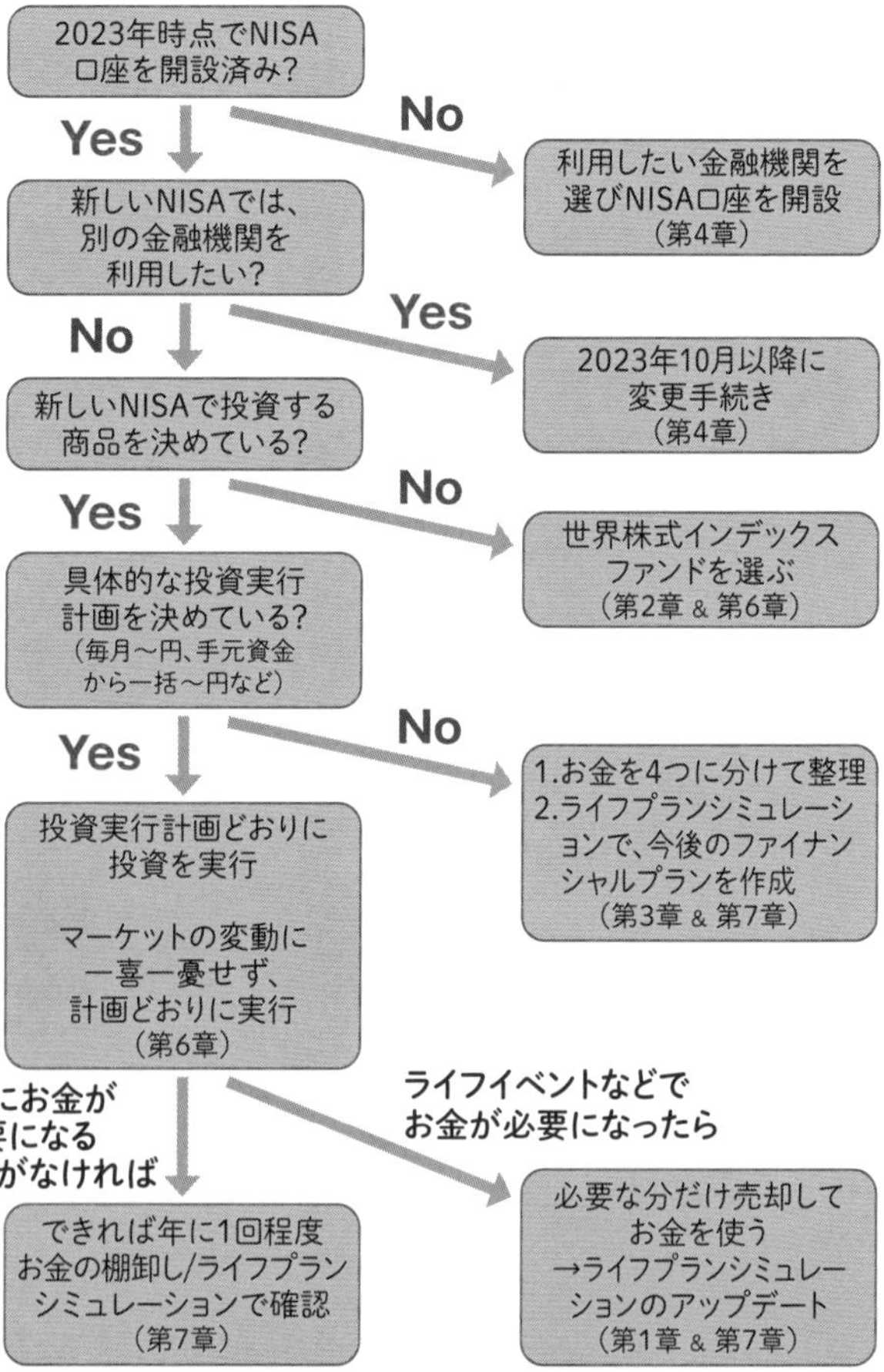

プロローグ

新しいNISAで すべてに満たされた人生を！

人生100年時代、お金を貯めるのは何のため？

人生１００年時代、お金は何のために貯めるのでしょうか。お金は生きている間に使ってこそですが、みなさんはいつ、どのくらいのお金を使う予定ですか？

左の図は、ヨコ軸に年齢、タテ軸に収入や資産の金額を示しています。

人生の前半では、社会人となり働くことで収入（勤労所得）を得ながら生活していきます。収入の一部を将来の自分や家族のために残していく、つまり資産を形成していく時期（資産形成期）です。

転職や独立などもしながら60代くらいまで働き、勤め先によっては退職金や企業年金を受け取り、人生の後半にむけて準備していきます。最近では60代以降も働きつづける方が増えており、資産を大きく減らさないよう、人生の後半にむけて収入と支出を調整していく時期といえます（資産運用期）。

人生の後半では公的年金を受け取りつつ、それまでに準備してきた資産を活用しながら過ごしていく時期（資産活用期）になります。人生を楽しむためにお金を使いつつも、できるだけお金にも長生きしてもらうことが大切な時期となります。

「資産」は3つの期をたどる

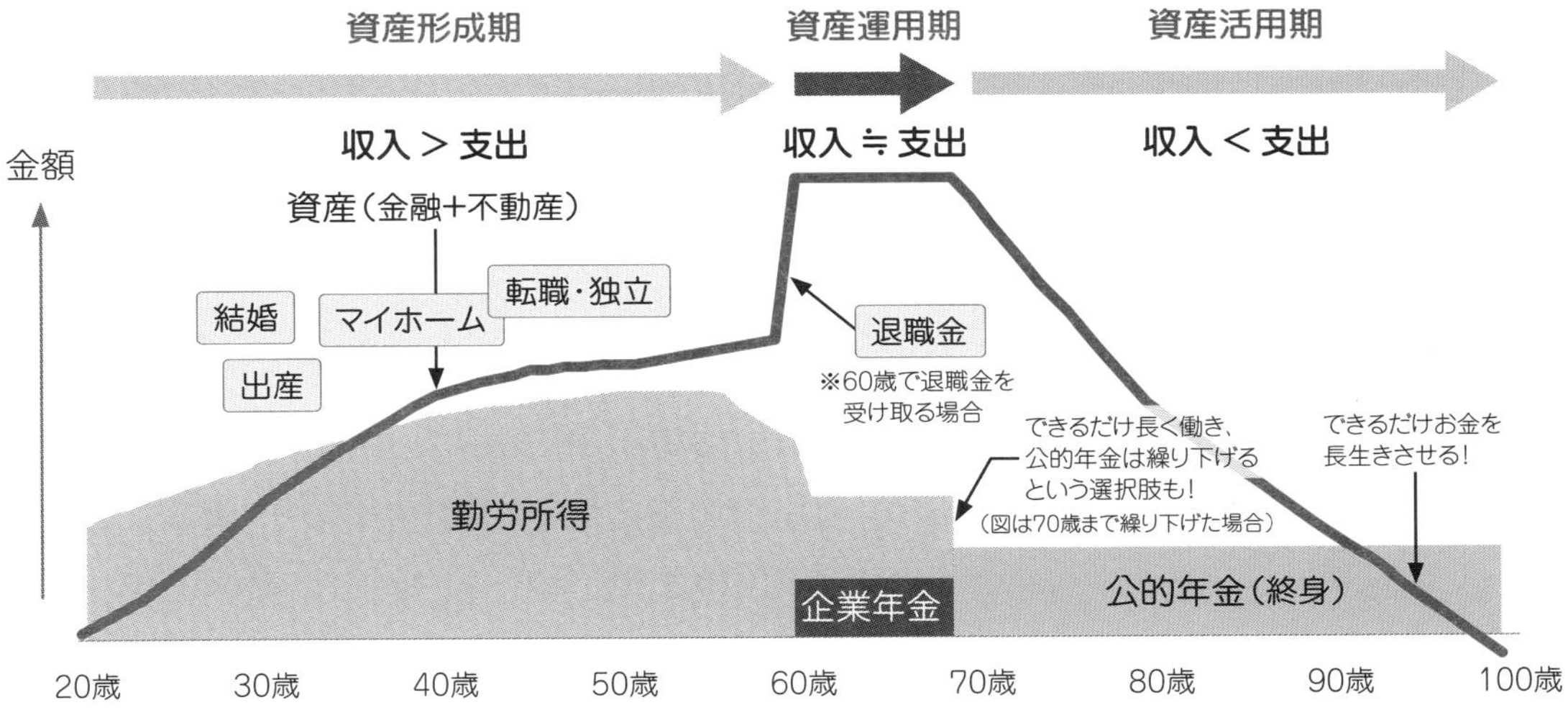

- 人生の前半は、お金を貯めていく資産形成期
- 人生の中盤は、後半にむけて移行していく資産運用期
- 人生の後半は、つくったお金を取り崩していく資産活用期

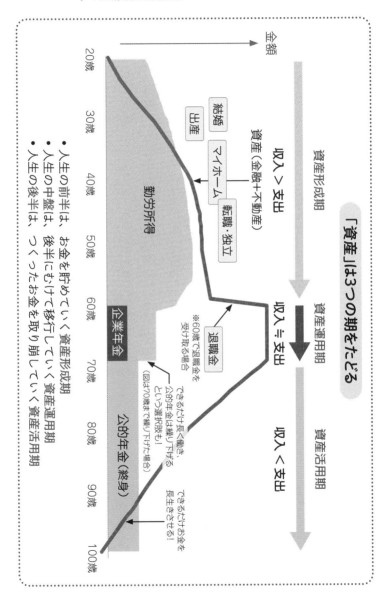

「ファイナンシャル・ウェルビーイング」を目指そう

人生で、お金はいくらあれば足りるのでしょうか？　筆者はファイナンシャル・ウェルビーイング（financial well-being）という考え方が大切だと思います。

まず、ウェルビーイングという言葉ですが、これは世界保健機関（ＷＨＯ）憲章の中で、左図のように「健康」の状態を説明する際に使われている言葉です。「満たされた」状態を意味し、近年では「幸福」や「幸せ」と訳されています。

このウェルビーイングに、「経済的」あるいは「お金に関する」という意味のファイナンシャルという語をつけるとファイナンシャル・ウェルビーイング、つまり、お金の面で満たされた状態となります。

お金の面で満たされるためには、いくら必要でしょうか？　1億円でしょうか？　それとも、もっとたくさんでしょうか？

重要なのは「足るを知る」ことです。上を目指すことも大切ですが、「もっともっと」と上を目指しつづけてもキリがありません。ご自身の状況にあった等身大のファイナンシャルプランをつくり、ほどよく「満たされた」と感じることが、幸せにつながるのではないでしょうか。

「満たされた状態」を目指す

WHO（世界保健機関）憲章における「健康」の定義

★健康とは、病気でないとか、弱っていないということではなく、肉体的にも、精神的にも、そして社会的にも、すべてが満たされた状態にあることをいいます。

〈日本WHO協会訳〉

★"Health is a state of complete physical, mental and social well-being and not merely the absence of disease or infirmity."

＊公益社団法人日本WHO協会「世界保健機関（WHO）憲章とは」

ファイナンシャル・ウェルビーイングの実現には目標（自分が満たされたと感じる状態）の設定が必要です。

➡「1億円だ！」「もっともっと！」では、いつまでたっても満たされません！

➡ **"足るを知る""等身大のライフプラン＆ファイナンシャルプラン"が大切です！**

資産形成のためには、どんな投資をすべき？

ここまで、人生100年時代においては、お金については長期的に考え、高望みしすぎることなく、適切な目標設定のもとファイナンシャル・ウェルビーイングを目指すことがポイントだとご説明しました。

そこで、長期的な資産形成に取り組むのに投資は必要でしょうか？ 筆者は誰もが必ず投資すべきとは思いません。しかし、現在の日本はゼロ金利、マイナス金利時代であり、預金金利は0・001%程度と、ほぼゼロです。

資産形成は20年後、30年後の自分や家族のために時間をかけて取り組むものです。投資信託などを利用した投資をうまく活用できれば、長期的には利回り3〜5%というのは決して難しい話ではありません。

そして投資をするなら、NISA（少額投資非課税制度）を優先的に利用することで、税金がかからず効率的に資産形成していけます。

詳しくは後ほど説明しますが、投資といっても資産形成を目的とした投資では、短期間で買ったり売ったりを繰り返すようなものではなく、長期的に積み立てていくだけでOKです。難しいものではないのです。

100万円が432万円に成長するかも…

投資にはリスクがあるため変動しますが、
長期的に利回りが高くなると、
大きく増やすことも可能になります！

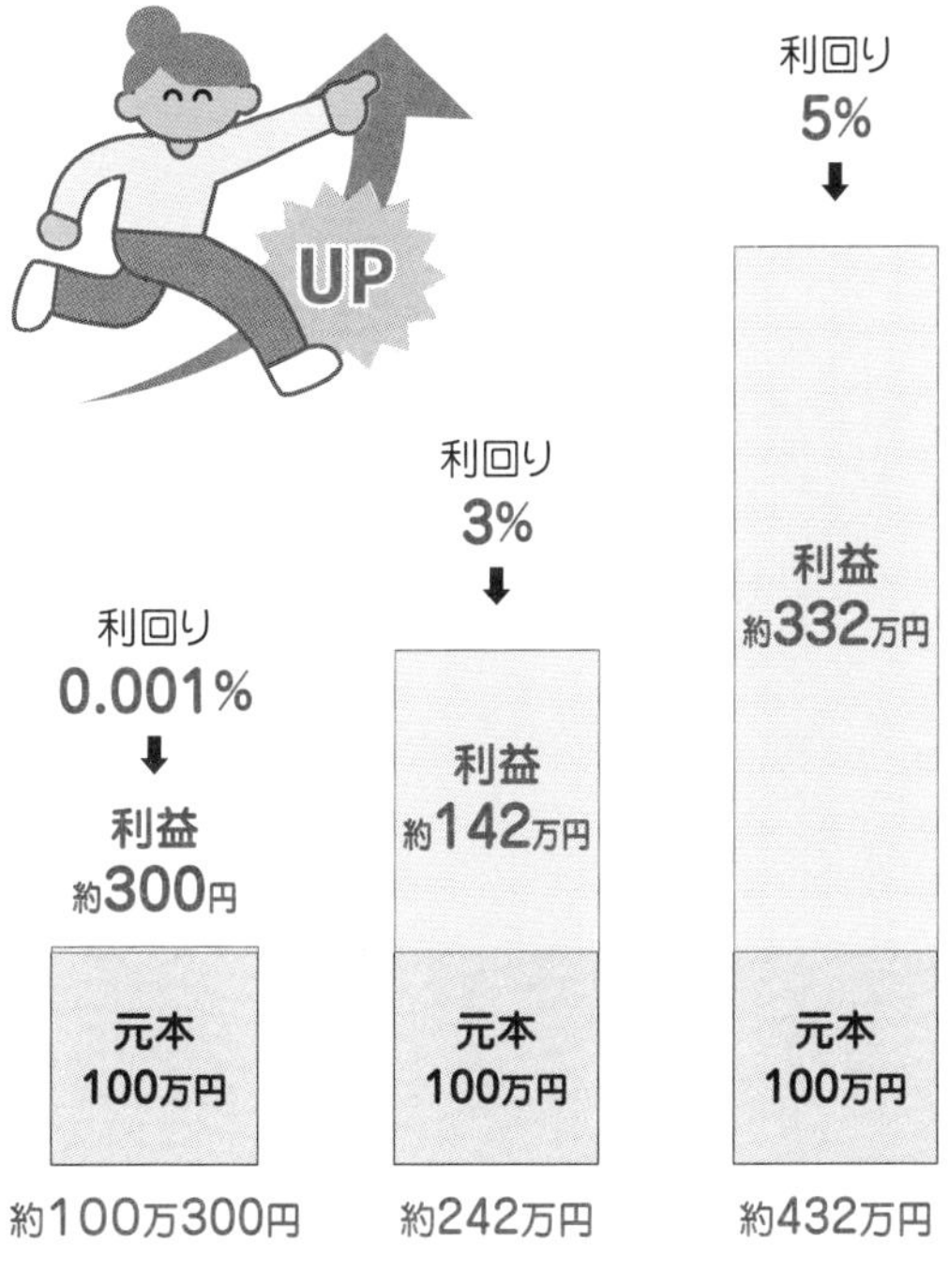

元本100万円を30年間にわたり、利回り0.001%、3%、5%で運用した場合（税金・手数料は考慮せず）。

新しいNISAのある人生と、ない人生ではこんなに違う

資産形成をおこなっていく際に、「新しいNISA」を活用した場合と、預貯金のみの場合で、どのくらい違うのでしょうか。

ここでは、長期的に積み立てをおこなうイメージで、毎月2万円を20、25、30、35年間それぞれ積み立てていくといくらになるか、利回りごとに確認してみましょう。

まず、タンス預金など利回り０％だと、積立元本のままになります。

つぎに新しいNISAを利用する場合です。世界の株式を対象としたインデックスファンドであれば、20～35年などの長期では３～７％程度の利回りとなる可能性は十分あります。たとえば30年の場合、利回り３％なら約１、１６０万円、５％なら約１、６３７万円、７％なら約２、３５２万円と見込まれます。利益はそれぞれ約４４０万円、約９１７万円、約１、６３２万円となります。自動車を買ったり、家族で豪華な旅行を楽しんだり、老後資金としても使えそうですね。

実際には投資ですから、途中、上がったり下がったりと大きく変動することになります。しかし、このくらいの時間をかけてゆっくり、しっかり資産形成していけば、振り返ってみるとこのくらいの利回りで増えていた、ということが期待できるのです。

みなさんは、新しいNISAのある人生とない人生、どちらを選びますか？

長期の積み立てで大きく育つ

【毎月2万円を20／25／30／35年間積立】

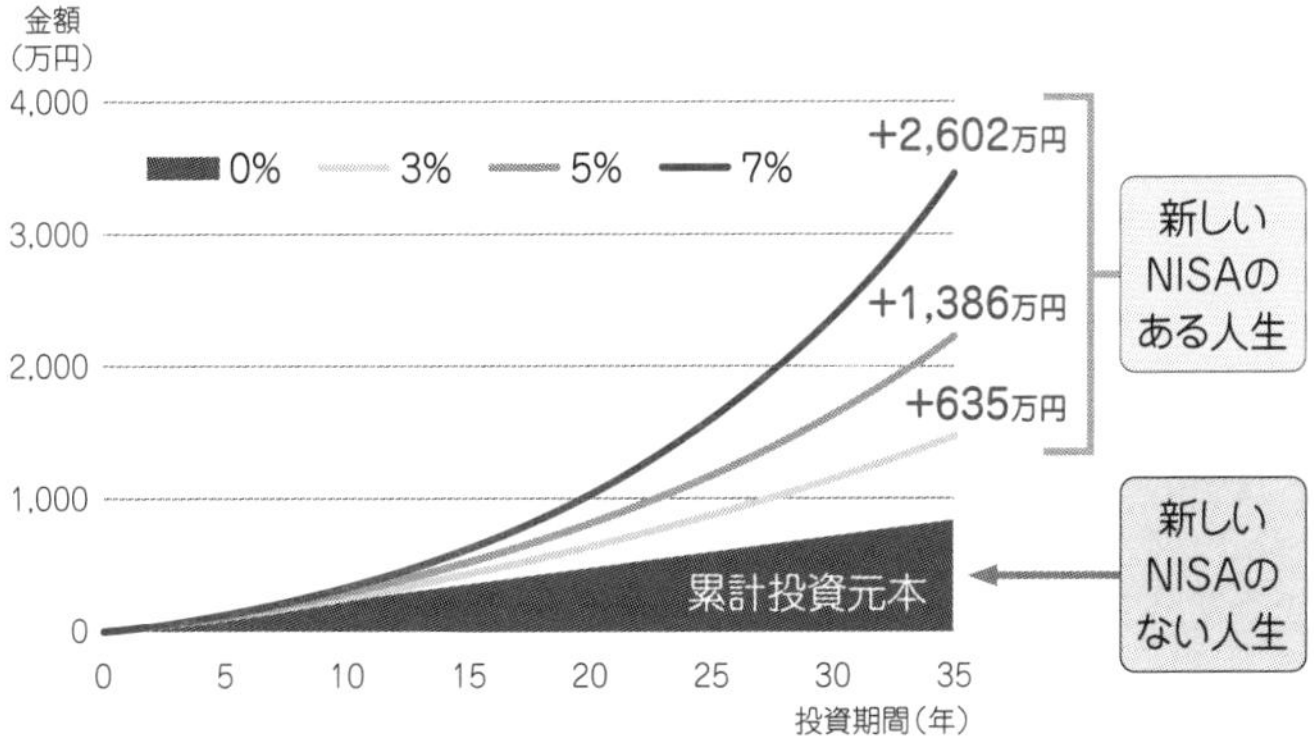

利回り	20年後の金額（評価額）	25年後の金額（評価額）	30年後の金額（評価額）	35年後の金額（評価額）
0%	480万円	600万円	720万円	840万円
3%	約655万円（+175万円）	約889万円（+289万円）	約1,160万円（+440万円）	約1,475万円（+635万円）
5%	約815万円（+335万円）	約1,176万円（+576万円）	約1,637万円（+917万円）	約2,226万円（+1,386万円）
7%	約1,021万円（+541万円）	約1,575万円（+975万円）	約2,352万円（+1,632万円）	約3,442万円（+2,602万円）

（　）内は利益

＊本試算での金額や利益は、利回りが確定しているものとして計算しています。実際の値動きには価格変動リスクがあることにご留意ください。

◀ONE POINT 知識▶

つみたてNISAは、どんな人が利用？

2023年まで利用できるNISAには、非課税期間が最長5年の「一般NISA」と、同じく最長20年の「つみたてNISA」というふたつの制度があります。

そのうち、資産形成に適しているのは非課税期間が長いつみたてNISAです。

	つみたてNISA口座数（2022年9月）	年代別比率
総数	684万3858口座	100.0%
20歳代	134万8081口座	19.7%
30歳代	195万5982口座	28.6%
40歳代	169万3327口座	24.7%
50歳代	116万4439口座	17.0%
60歳代	49万7870口座	7.3%
70歳代	15万8801口座	2.3%
80歳代以上	2万5358口座	0.4%

＊金融庁「NISA・ジュニアNISA口座の利用状況調査」（2022年9月末時点）より

2022年9月末時点でのつみたてNISA口座の年代別開設状況を確認すると、30歳代が28.6％ともっとも高く、続いて40歳代の24.7％、20歳代の19.7％とつづいています。

長期的な資産形成にむけて、20〜40代の方を中心に何が有利か理解されている方は、すでにみずから動きだしていることがわかります。

1章

新しいNISAの「仕組み」を理解しよう！

そもそもＮＩＳＡとは、どんな優遇制度？

ＮＩＳＡは２０１４年１月にスタートした個人投資家のための税制優遇制度です。通常、株式や投資信託などの金融商品に投資した場合、値上がり後に売却して利益を得たり、配当や分配金を受け取ったりすると、利益に対して20％の税金がかかります。しかし、ＮＩＳＡ口座（非課税口座）なら、これらの利益に対する税金がかかりません。

もともと、イギリスにＩＳＡ（Individual Savings Account＝個人貯蓄口座）という制度があり、これをモデルにして日本版ＩＳＡ、つまり、ＮＩＳＡ（ニーサ、Nippon Individual Savings Account）が開始されました。

２０２３年まで口座開設できるＮＩＳＡには３つの種類があり、２０１４年１月に始まった一般ＮＩＳＡ、２０１６年４月からのジュニアＮＩＳＡ、そして２０１８年１月からのつみたてＮＩＳＡがあります。一般ＮＩＳＡとつみたてＮＩＳＡは成年向け、ジュニアＮＩＳＡは未成年向けです。

一般ＮＩＳＡとつみたてＮＩＳＡは、１年毎にどちらかを選択して利用できます。一般ＮＩＳＡは、株式なども含めて幅広い商品が対象で、年間１２０万円まで投資できます。つみたてＮＩＳＡは長期・積立・分散投資に適した一定の投資信託が対象で、年間40万円までです。

改正前のNISAは3種類

NISA = Nippon Individual Savings Account

NISAは、「NISA口座(非課税口座)」内で、
購入した金融商品から得られる利益が非課税になる、
つまり、税金がかからなくなる制度

【2023年までの3つのNISA(ニーサ)制度】

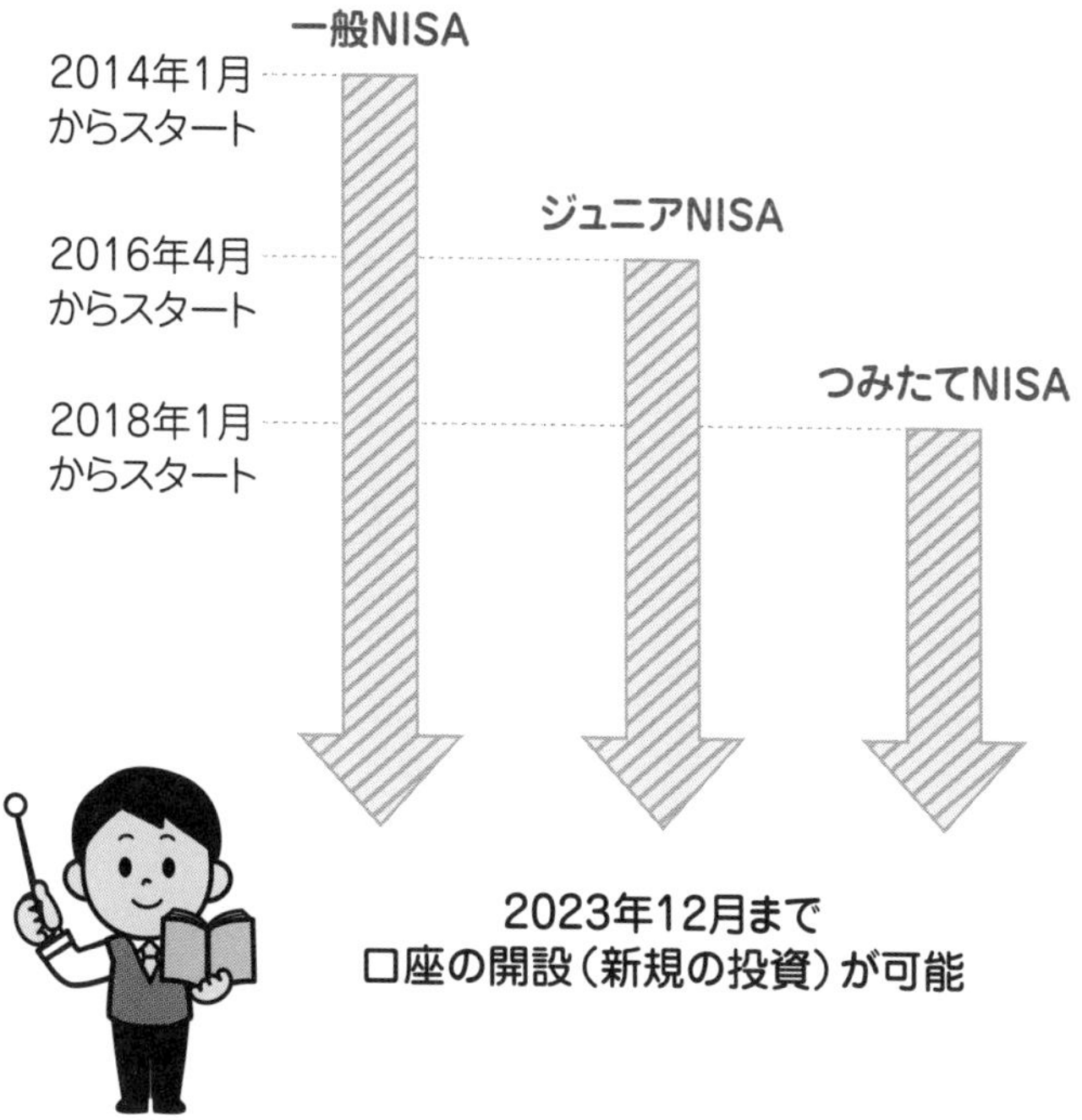

NISAを使うと税金がどのくらい得になる？

株式や投資信託などに投資する場合、通常は特定口座とよばれる口座を開設しておこないます。買ったときよりも値段が上がればキャピタルゲイン（値上がり益）という形で、また保有することで配当金や分配金を受け取るとインカムゲインという形で、利益が得られます。

このように利益が出ると、通常は20％の税金がかかります。つまり、100万円を投資して50％値上がりすると利益は50万円、通常であれば利益の20％、つまり10万円が税金としてかかるので、手元に残るのは40万円になります。しかし、税金のかからないNISA口座なら、手元にまるまる50万円が残りますので、10万円分おトクになるのです。

たとえば、老後資金として積立投資する場合を考えてみましょう。毎月3万円ずつ30年間積立すると、投資元本は合計1,080万円ですが、利回りが3％なら約1,740万円、利回りが5％なら約2,456万円になります。

利益はそれぞれ約660万円と約1,376万円ですから、特定口座なら約132万円、約275万円が税金となるのですが、NISAならこの税金がゼロになるのです。

毎月3万円、30年間の積立投資で、利益が1,000万円を超え、節税額が300万円近くになる可能性もあるのです。お得だと思いませんか？

20%の税金が、かからない

100万円を投資して、利益が50万円出た場合、
NISAなら10万円おトクに!

投資元本
100万円

↓ +50%の利益が出た場合

投資元本 100万円	利益 50万円

NISAなら
手元に
50万円

通常（特定口座）なら
手元に
40万円

通常は、利益に
20%の税金が
かかります!

★ 毎月3万円、30年間積立投資する場合（元本合計1,080万円）

利回り	30年後の金額	利益	税額（特定口座）
3%	1,740万円	660万円	132万円
5%	2,456万円	1,376万円	275万円

← NISAならゼロに!

特定口座とは／投資で発生した利益等の計算を金融機関がおこなってくれる口座。「源泉徴収あり」と「源泉徴収なし」があり、おすすめは「源泉徴収あり」。

キャピタルゲインとは／保有している資産の値段が上がることで得られる利益。値上がり益とも。

インカムゲインとは／資産を保有している間に受け取ることができる収入（利益）。預貯金や債券の利子、株式の配当、投資信託の分配金など。

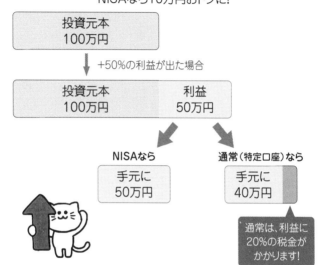

現行のNISAは、どんな制度なの？

2024年からの新しいNISAを説明する前に、2023年まで口座開設可能な現行のNISA（つみたてNISA／一般NISA）について説明します。

現行NISAには、非課税期間が最長20年間のつみたてNISAと、同じく最長5年間の一般NISAという、ふたつの制度がありますが、いずれも日本に住む18歳以上の人が対象で、1年ごとにどちらかを選択して利用できます。

つみたてNISAは年間40万円まで、長期・積立・分散投資に適した一定の株式投資信託とETF（42ページ参照）に限定されて投資できる非課税制度です。投資方法は年2回以上に分けて投資する積立投資のみです。

いっぽう、一般NISAは年間120万円まで、株式やさまざまな投資信託など、幅広い商品が対象で、投資方法も積立投資にくわえて、好きなタイミングで買いたいだけ買うスポット投資も可能です。

いずれの制度も売却するのは自由で、必要であればいつでも売ることが可能です。

資産形成が目的で利用するなら、筆者のおすすめはつみたてNISAです。投資可能額は小さいものの、非課税期間が20年と長く、長期的な資産形成にはより適しているといえるからです。

現行のNISA［つみたてNISA／一般NISA］の概要

2023年まで口座開設可能	つみたてNISA	一般NISA
対象者	日本に住む18歳以上の人	
投資可能期間	2023年12月末まで	
非課税保有期間	最長20年間	最長5年間
制度の利用	1年毎に「NISA」もしくは「つみたてNISA」を選択	
投資できる主な商品	長期・積立・分散投資に適した一定の株式投資信託とETF	株式、株式投資信託、ETF、REIT
投資上限額	40万円（年間）	120万円（年間）
投資方法	積立投資のみ	スポット投資・積立投資
売却可能時期	いつでも可	

積立投資とは／定期的に一定金額ずつ買い付けていく方法。一般的には毎月積立が多いが、NISAでは年2回以上に分けて投資すればよいことになっている。

スポット投資とは／自分の好きなタイミングに、買いたい金額を一括で投資すること。一括投資とも。

現行のNISAと新しいNISA、異なる4つのポイントは？

2024年から始まる新しいNISAは、2023年まで口座開設できる現行のNISA（つみたてNISA／一般NISA）とくらべて大幅に拡充され、使い勝手もよくなります。

ポイントを4つにまとめると、①投資可能（口座開設）期間の恒久《こうきゅう》化《か》、②非課税保有期間の無期限化、③年間投資枠の大幅アップ、④非課税保有限度額の大幅アップ——となります。

①現行のNISAは新規で投資できる期間はつみたてNISAが2042年まで、一般NISAが2023年まででした。新しいNISAでは恒久化され、いつでも投資可能になります。

②投資して得られた利益が非課税となる期間も投資から最長20年（つみたてNISA）、最長5年（一般NISA）でしたが、新しいNISAでは無期限になります。つまり、売却する必要がない限り、いつまででも非課税で投資を継続できるのです。

③1年間で投資できる金額も大幅アップし、年間360万円（つみたて投資枠120万円＋成長投資枠240万円）となります。

④最後に、投資できる合計金額がつみたてNISAの800万円、一般NISAの600万円から、新しいNISAでは1，800万円と大幅に増額されます。しかも、一度売却しても、この範囲内であれば再利用可能になるのです。

改正されるポイントはここ!

2023年までの現行NISA

	つみたてNISA	一般NISA
①投資可能期間	2042年まで	2023年まで
②非課税保有期間	最長20年間	最長5年間
③年間投資枠	40万円	120万円
④非課税保有限度額（総枠）	800万円（累計）	600万円（累計）

2024年からの新しいNISA

	新しいNISA
①投資可能期間	恒久
②非課税保有期間	無期限
③年間投資枠	360万円（つみたて投資枠120万円＋成長投資枠240万円）
④非課税保有限度額（総枠）	1,800万円（生涯投資枠）しかも再利用可能に!

新しいＮＩＳＡって、どのような仕組みなの？

ここで「新しいＮＩＳＡ」の概要を説明します。

利用できるのは日本に住む18歳以上の方です。残念ながら未成年の方は利用できません。

口座開設は２０２４年以降いつでも可能で、新しいＮＩＳＡ口座での投資により得られた利益は、保有期間にかかわらず非課税となります。つまり、20年でも30年でも、どんなに長く保有しても、無期限で非課税となります。このメリットは非常に大きなものです。

新しいＮＩＳＡでは、現行のつみたてＮＩＳＡ／一般ＮＩＳＡを引き継ぐ形で、つみたて投資枠／成長投資枠という２つの枠が設定されます。これまではつみたてＮＩＳＡか一般ＮＩＳＡのいずれかを1年ごとに選択する形でしたが、新しいＮＩＳＡでは両方の枠を同時に利用できます。

つみたて投資枠では積立投資のみですが、成長投資枠ではスポット投資も可能です。

1年間で投資できる金額（年間投資枠）は、つみたて投資枠が１２０万円、成長投資枠が２４０万円です。また、非課税保有限度額（累計での生涯投資限度額）は１、８００万円で、そのうち成長投資枠は１、２００万円が上限となっています。なお、売却はいつでも可能です。

概要を説明しましたが、それぞれのポイントについてはこのあと説明しますので、まずは概要を押さえていただければ十分です。

新しいNISA制度の概要

	新しいNISA	
対象者	日本に住む18歳以上の人	
口座開設期間	恒久	
非課税保有期間	無期限	
制度の利用	NISA制度内で以下の2つの枠を併用可能	
	つみたて投資枠	**成長投資枠**
投資対象商品	積立・分散投資に適した一定の投資信託（現行のつみたてNISA対象商品と同様）	上場株式・投資信託等（①整理・監理銘柄 ②信託期間20年未満、高レバレッジ型および毎月分配型などは除外）
投資方法	積立投資のみ	スポット投資・積立投資
年間投資枠	120万円	240万円
非課税保有限度額（総枠）	1,800万円（生涯投資枠）	
	売却すると翌年以降に再利用可能。また、2023年までのNISAとは別枠	1,200万円（内数）
売却可能時期	いつでも可	

新しいNISAは、どんな人が利用できるの？

新しいNISAは、日本に住む18歳以上であれば誰でも利用できます。正確には、利用開始する年の1月1日時点で18歳以上であれば利用できます。つまり、2024年1月1日時点で18歳以上であれば制度開始からすぐに利用できるのです。

これまでは未成年の方（実質的にはその親権者や祖父母）が利用できるジュニアNISAもありましたが、2024年以降の新しいNISAでは18歳以上の成年に限られますので、未成年向けの非課税制度はなくなります（ただし、ジュニアNISAで投資済みの分は、引き続き保有可能）。

また、ひとつ注意すべきなのは「日本に住む」という点です。つまり、日本に住民票があるということですから、海外留学や海外赴任などで日本の非居住者になると、原則として新しいNISAは利用できなくなります。

新しいNISAを利用し始めてから途中で海外移住した場合、最長5年以内に帰国する見込みであれば、新しいNISAを維持できる可能性があります。ただ、この取り扱いは金融機関によって異なります。仕事などで海外移住する可能性がある方は、移住の際の取り扱いについて、新しいNISAを利用する予定の金融機関に確認しておきましょう。

海外へ留学・赴任する人は要注意

未成年を対象としたジュニアNISAは2023年で終了するため、未成年は利用できなくなります。

新しいNISAを利用できるのは

日本に住む18歳以上の人

海外留学や海外赴任などで、日本の非居住者になる場合には、原則としてNISA口座は利用できなくなります。

ただし、一定の条件のもと、5年以内に帰国する見込みで、NISA口座を開設した金融機関が対応していれば、口座を維持できることもあります（その場合も、新規での追加投資はできません）。

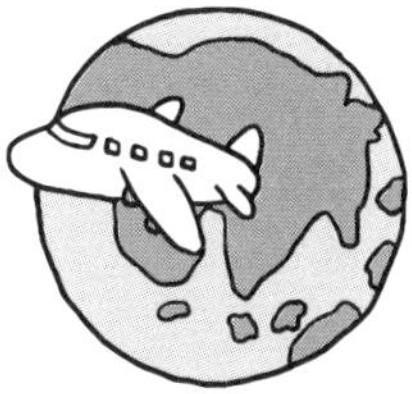

新しいNISAの「恒久・無期限」の意味とは?

新しいNISAでは制度が恒久化され、非課税期間が無期限となりました。

これまでの現行のNISAは時限措置でしたので、利用可能な時期が決まっていましたが、新しいNISAでは恒久的、つまり、ふたたび法改正がなされない限りは未来永劫《えいごう》、一生にわたって利用していくことが可能です。

また、現行のNISAでの非課税期間は、一般NISAが最長5年、つみたてNISAが最長20年となっていました。この期間内に得られた配当や分配金、売却して得た利益がいずれも非課税になるというものです。

しかし、資産形成では短期で売買を繰り返すような取引ではなく、長期的にじっくりと保有していくことが大切です。そのような観点では、5年や20年という形で期間が区切られていること自体適切ではなかったといえます。それが、新しいNISAでは非課税期間が無期限になりましたので、いつまで保有していたとしても期間を問われることなく非課税、つまり税金がゼロとなるのです。

人生の前半では資産形成、人生の後半では取り崩《くず》しながら使っていく資産活用と、一生にわたり利用していくためには、この無期限で非課税が大きなポイントになります。

非課税での保有可能な期間

新しいNISAなら、30年でも、40年でも、
いつまででも非課税で投資可能！

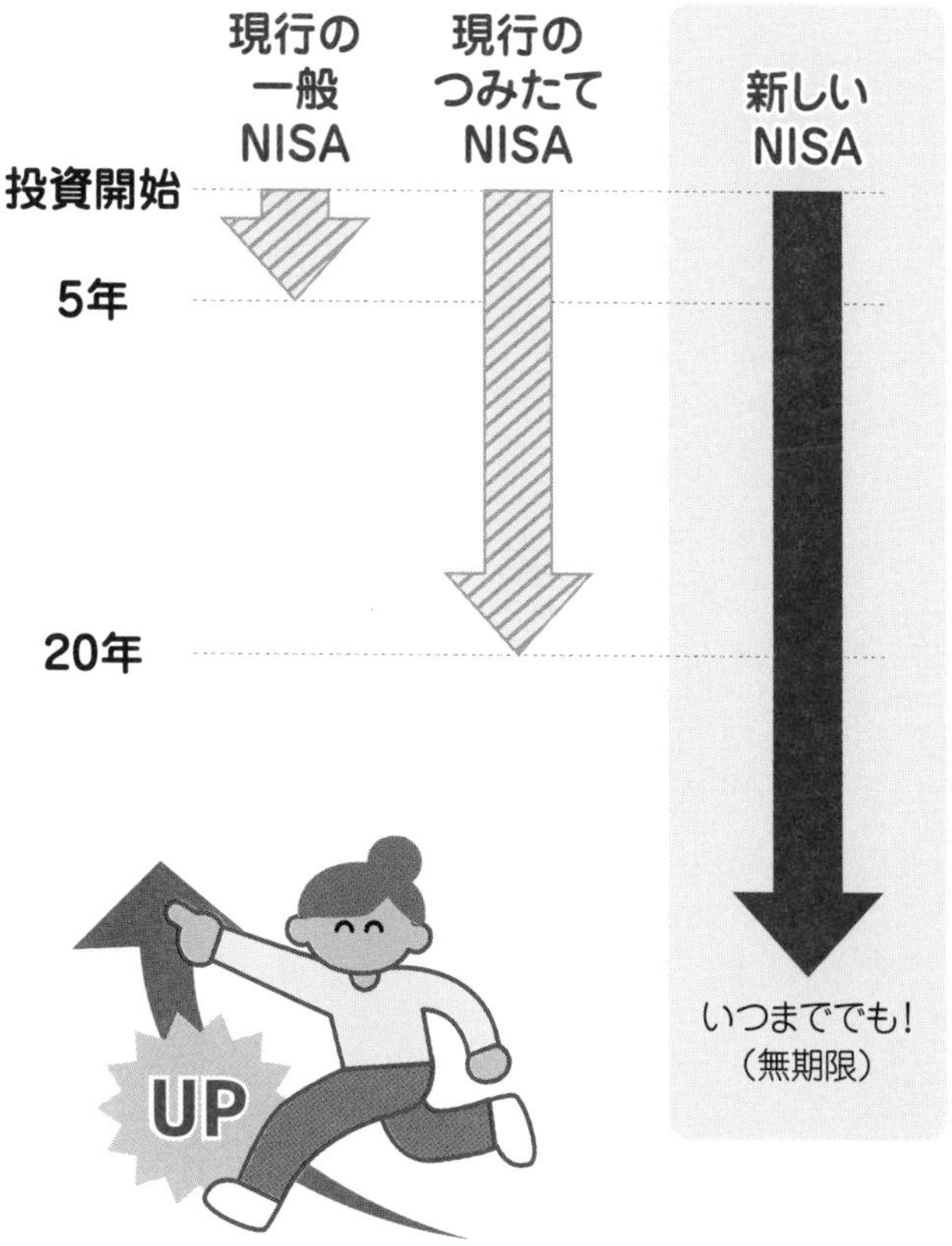

新しいNISAの2つの枠「つみたて投資枠」「成長投資枠」とは？

新しいNISAでは、つみたて投資枠と成長投資枠という2つの枠を同時に利用できるようになります。

つみたて投資枠で投資できる商品は、積立・分散投資に適した一定の投資信託（42ページ参照）で、現行のつみたてNISA対象商品と同様です。投資方法は積立投資に限定され、年間投資枠は最大120万円ですから、月に1度のペースで積立投資をおこなう場合、最大で毎月10万円まで投資できます。

いっぽう、成長投資枠で投資できる商品は、上場株式や投資信託等となりますので、個別株式やアクティブファンド（136ページ参照）なども含めた幅広い投資信託、ETF（上場投資信託）、REIT（不動産投資信託）（44ページ参照）が対象です。買付方法は積立投資にくわえて、好きなタイミングで買いたいだけ投資するスポット投資も可能です。年間投資枠は最大240万円です。

つみたて投資枠、成長投資枠は年間投資枠の範囲内であれば、それぞれ使いたいほうを使いたいだけ利用できますが、利用開始以降、両枠を合計した非課税保有限度額（生涯投資枠）は1、800万円で、そのうち成長投資枠は上限が1、200万円と定められています。つみたて投資枠に上限はありませんので、すべてをつみたて投資枠で使うこともできます。

併用できる2つの枠の概要

<table>
<tr><th></th><th colspan="2">新しいNISA</th></tr>
<tr><td rowspan="2">制度の利用</td><td colspan="2">NISA制度内で以下の2つの枠を併用可能</td></tr>
<tr><td>つみたて投資枠</td><td>成長投資枠</td></tr>
<tr><td>投資対象商品</td><td>積立・分散投資
に適した一定の
投資信託
（現行のつみたてNISA
対象商品と同様）</td><td>• 上場株式
• 投資信託
• ETF（上場投資信託）
• REIT（不動産投資信託）
（①整理・監理銘柄
②信託期間20年未満、
高レバレッジ型および
毎月分配型などを除外）</td></tr>
<tr><td>投資方法</td><td>積立投資のみ</td><td>スポット投資・積立投資</td></tr>
<tr><td>年間投資枠</td><td>120万円</td><td>240万円</td></tr>
<tr><td rowspan="2">非課税
保有限度額
（総枠）</td><td colspan="2">1,800万円（生涯投資枠）</td></tr>
<tr><td>売却すると翌年以降に
再利用可能。
2023年までのNISA
とは別枠</td><td>1,200万円
（内数）</td></tr>
</table>

「つみたて投資枠」では、どんな商品に投資できる？

つみたて投資枠では、現行のつみたてNISA対象商品が購入できますが、つみたてNISAは、とくに少額からの長期・積立・分散投資を支援するための非課税制度ですから、そういった観点から対象商品の条件が決められています。

たとえば、公募株式投資信託の場合、販売時の手数料がゼロ（ノーロードとよばれます）で、運用中の手数料も一定水準以下といった条件で、対象商品が限定されています。そのため、初心者の方でも選びやすくなっています。

2023年4月27日時点では、つみたてNISA対象商品は全部で227本となっています。公募株式投資信託は、投資対象が株式のみを対象とした「株式型」、株式にくわえて債券やREIT（不動産投資信託）なども対象とした「資産複合型」にわかれています。

また、投資対象の地域で①国内、②内外、③海外の3つに分類されています。

なお、各金融機関はつみたて投資枠の対象商品すべてを取り扱っているわけではありません。実際に投資可能な商品数は金融機関ごとに異なりますので、口座開設の際には事前にチェックしておきましょう。

200本以上の商品が対象

**「つみたて投資枠」では、現行の「つみたてNISA」
対象商品と同様の商品が購入できます**

**【つみたてNISA投資対象商品の条件】
長期の積立・分散投資に適した一定の投資信託**

たとえば、公募株式投資信託の場合、以下の要件をすべて満たすもの

- 販売手数料はゼロ(ノーロード)
- 信託報酬は一定水準以下(例:国内株のインデックス投信の場合0.5%以下)に限定
- 顧客一人ひとりに対して、その顧客が過去1年間に負担した信託報酬の概算金額を通知すること
- 信託契約期間が無期限、または20年以上であること
- 分配頻度が毎月でないこと
- ヘッジ目的の場合等を除き、デリバティブ取引による運用をおこなっていないこと

つみたてNISA対象商品の分類(2023年4月27日時点)

つみたてNISA対象:227本		国内	内外	海外
公募投信	株式型	44本 (31本)	19本 (2本)	57本 (31本)
公募投信	資産複合型	5本 (2本)	92本 (36本)	2本 (1本)
ETF		3本 (0本)	—	5本 (0本)

*( )内の数字は、届出開始当初(2017年10月2日)の商品数
*金融庁ホームページより

「成長投資枠」では、どんな商品が対象外になる？

成長投資枠では、①上場株式　②投資信託　③ＥＴＦ（上場投資信託）　④ＲＥＩＴ（不動産投資信託）を購入できます。

上場株式は、証券取引所に上場されている株式で、日本国内に限らず、外国に上場している外国株式も対象となります。

つぎは、後述のＥＴＦを除く、一般的な投資信託です。つみたて投資枠では、対象が２２７本と限定されていますが、成長投資枠では一定の条件はあるものの選択肢がひろがり、約２、０００本の投資信託が対象になるとされています。

３つ目は、取引所に上場し株価指数などの指標に連動するように運用される投資信託で、ＥＴＦ（上場投資信託）とよばれるものです。

最後は、オフィスビルや住居などの不動産を購入し、家賃収入を投資家に分配していくタイプの投資信託で、ＲＥＩＴ（リート／不動産投資信託）です。

成長投資枠で購入できる商品は、基本的にこれら4種類となりますが、安定的な資産形成に適していないと考えられる一定の商品は対象外となります。特定の商品が成長投資枠の対象かどうかは、新しいＮＩＳＡ口座をお持ちの金融機関に問い合わせるのが確実です。

「成長投資枠」で購入可能な4種の商品

①上場株式

- 株式は、資金を出資してもらった人(株主)に対して株式会社が発行する証券です。株主は利益の一部を配当として受け取ったり、株主として経営に参加したりできます。
- 上場株式は、取引所に上場しているため売買しやすくなっているもので、日本国内だけでも4,000銘柄近くあります。

②投資信託(ファンド、投信)

- 多数の投資家から資金を集め、ひとつの大きな資金として、株式、債券、不動産(REIT)などを対象として投資する金融商品です。
- 投資対象である株式などの価格が日々変動するため、投資信託の値段(基準価額)も日々変動します。投資信託の値段は1日1回のみ計算されます。

③ETF(Exchange Traded Funds、上場投資信託)

- 取引所に上場している投資信託で、取引時間中はいつでも取引可能です。

④REIT(Real Estate Investment Trust、不動産投資信託)

- 不動産を対象とした投資信託で、通常は取引所に上場しているものを指します。不動産の種類によって、住居、オフィスビル、商業施設、物流施設などのタイプに分かれています。

✕ 上場株式で対象外となるもの

- 整理銘柄:近いうちに上場廃止となることが決まっている銘柄。
- 監理銘柄:上場廃止基準に該当するおそれがある銘柄。正式に上場廃止が決まると整理銘柄に指定される。

✕ 投資信託/ETFで対象外となるもの

- 運用期間(信託契約期間)が20年未満のもの。
- ヘッジ目的以外でデリバティブ取引を利用しているもの。
- 毎月分配金を支払っているもの。

*成長投資枠でも、安定的な資産形成に適していない商品は対象外となります。

非課税保有限度額が「簿価で1、800万円」って？

新しいNISAでは、非課税保有限度額が1、800万円となり、簿価残高方式で管理され、枠の再利用が可能になります。これはどのような意味なのでしょうか。

簿価というのは、投資のために出したお金である投資元本を意味しています。

たとえば、新しいNISAで累計800万円を投資していると、新しいNISAの枠（非課税保有限度額）1、800万円のうち、800万円分を使うことになります。

この800万円が値上がりして1、200万円になっていようと、値下がりして500万円になっていようと、その後に新しいNISAで追加して投資できる金額は1、000万円（1、800万円－800万円）になります。

また、1度売却すると、その売却した分の簿価に相当する分が、つぎの年以降に再利用可能になります。左ページの例でいうと、投資していた800万円（簿価基準）のうち、300万円分を売却した場合、つぎの年には300万円分の空きができますので、その分を新規で投資することが可能になるのです。

現行のNISAでは枠の再利用はできませんでしたが、新しいNISAでは再利用できるようになり、柔軟性が高くなるため一生にわたって利用しやすくなるのです。

「枠」の再利用が可能とは？

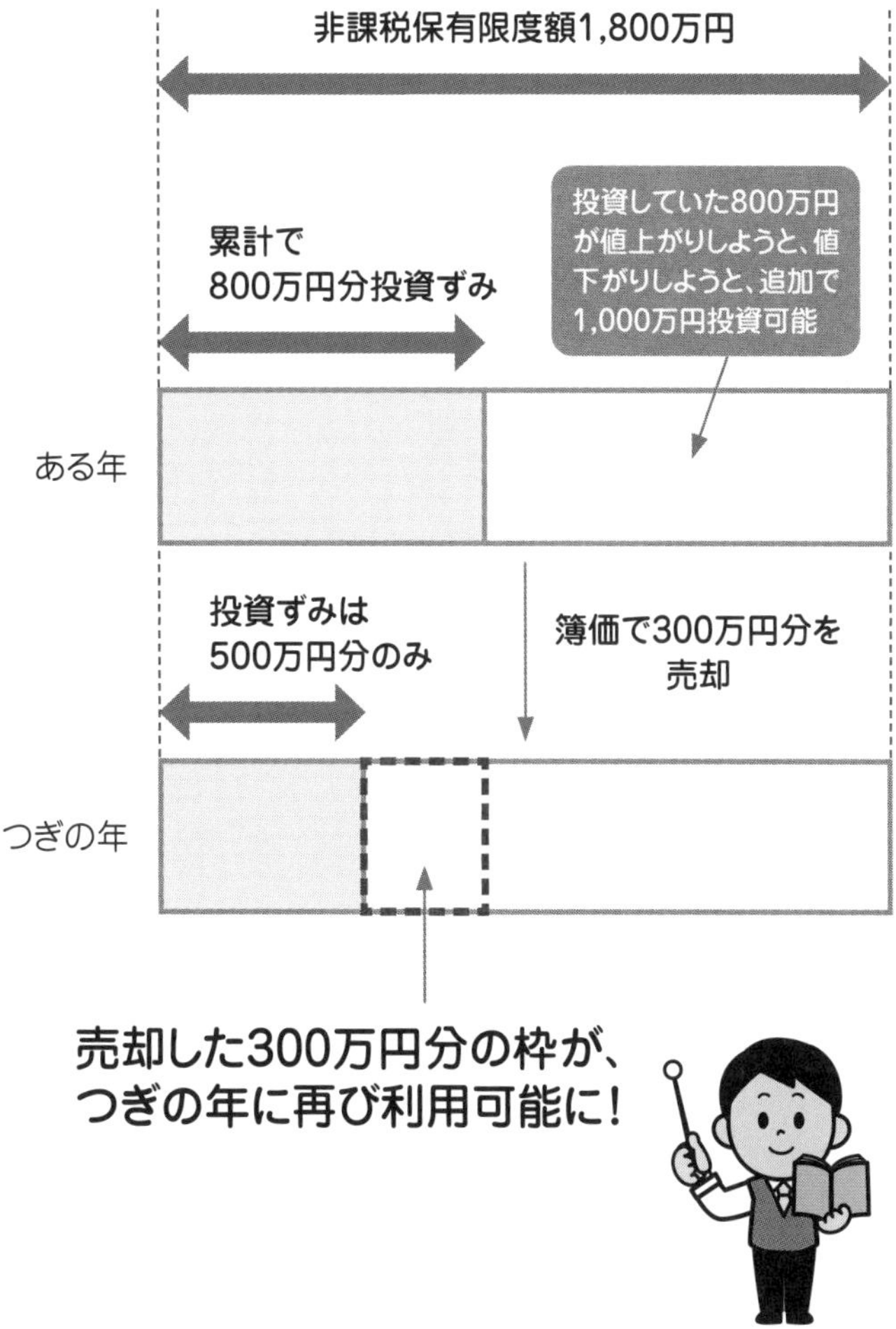
非課税保有限度額1,800万円
累計で
800万円分投資ずみ
投資していた800万円が値上がりしようと、値下がりしようと、追加で1,000万円投資可能
ある年
投資ずみは
500万円分のみ
簿価で300万円分を
売却
つぎの年
売却した300万円分の枠が、
つぎの年に再び利用可能に！

まとまったお金が要るときは途中で換金できる？

新しいNISAでは非課税で保有できる期間が無期限となるため、どういったタイミングで売却すればよいのか悩んでしまう方もいるでしょう。おすすめの売却タイミングは、結婚、マイホーム購入、自動車の買い替えといったライフイベントなどでお金が必要になったとき、お金を使いたいときです。

基本的には長期的な資産形成にむけて新しいNISAを利用するのがおすすめですが、必要になったときは躊躇《ちゅうちょ》せず、売却して使っていくことも大切です。

左のグラフは、ライフイベントに応じて柔軟に新しいNISAを活用した場合の投資残高イメージです。

積立投資から始め、6年ほど経過したときにマイホームを購入するため、一部売却しています。その後の数年間は新規の投資をおこなわず、転職時に受け取った退職金で投資を再開。途中、新しいNISA限度額の1、800万円に到達したら、新しいNISA口座ではそれ以上投資できません。その後は子どもの教育費が必要となったため一部売却して使い、子どもの教育費が落ち着いてからは、老後にむけた資産形成を再開しています。

お金は使ってこそのお金です。必要なときは、機動的に活用していきましょう。

ライフイベントに応じた売却・再投資のイメージ

新しいNISAでの投資残高(簿価管理)

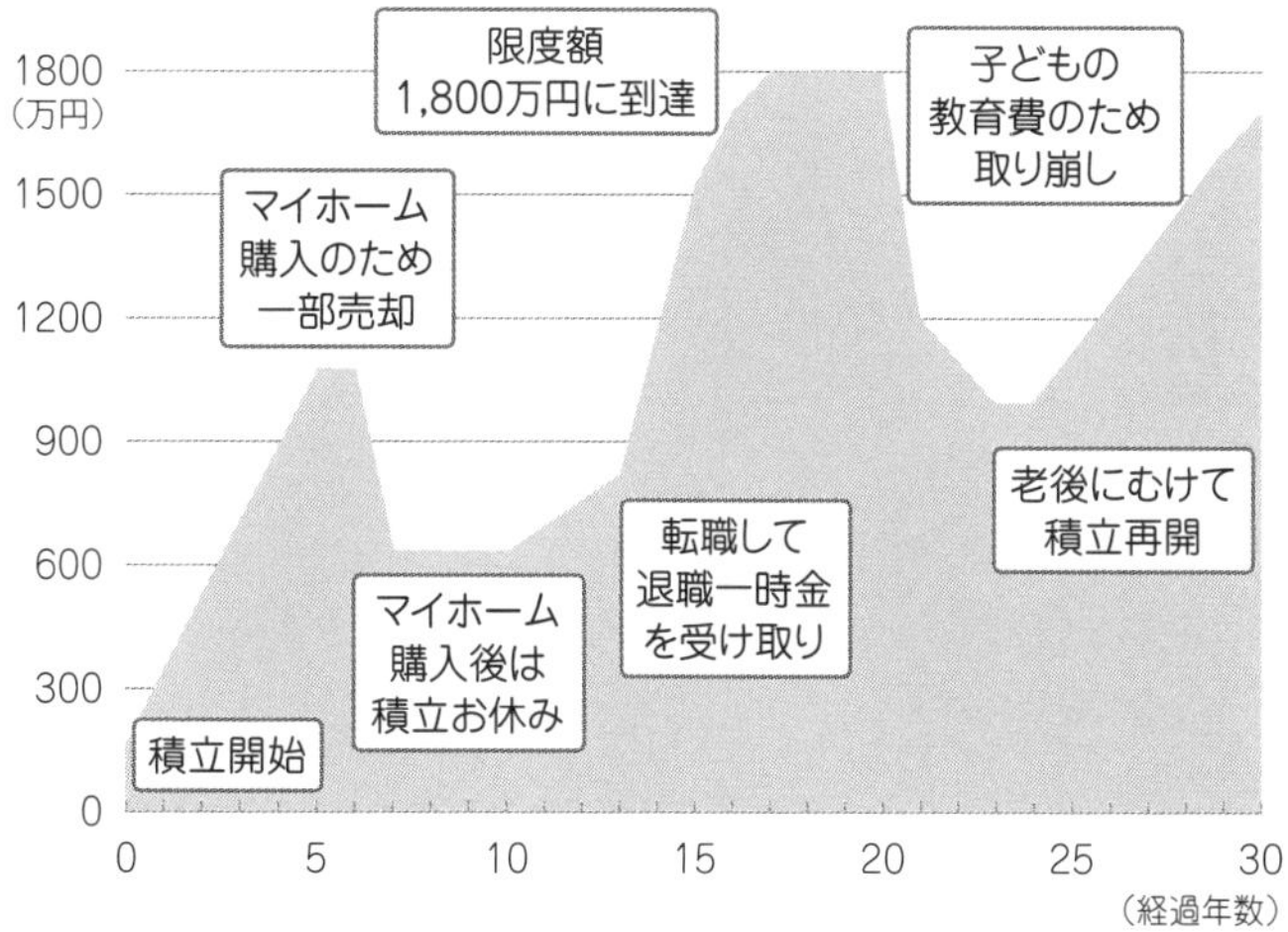

★ 新しいNISAでは、売却しても、翌年から再利用可能に。

★ ライフイベントに応じて、柔軟に売却して使うことが可能。

換金するなら「つみたて投資枠」「成長投資枠」のどっちから？

ライフイベントでお金が必要になったときは売却して使えばいいのですが、つみたて投資枠と、成長投資枠ではどちらを優先して売却すべきでしょうか。

投資信託と上場株式など、それぞれで投資している商品が異なる場合は、どちらの商品を引きつづき保有していくべきか、という投資判断になります。ここでは、つみたて投資枠と成長投資枠で、同じひとつの商品を購入している場合で考えてみます。

左の図のように、つみたて投資枠で300万円（評価額450万円）、成長投資枠で400万円（評価額800万円）投資していたとします。ここで、300万円が必要となり売却することを考えます。つまり、評価額で300万円分売却する場合、どちらの枠を優先して売却すべきでしょうか。

新しいNISAの利用ずみ枠は、❶つみたて投資枠を売却すると200万円分（簿価《ぼか》相当）減少、❷成長投資枠を売却すると150万円分（簿価相当）減少します。同じ300万円分であっても、購入価格（簿価）が異なるため、再利用可能になる金額が異なるわけです。

将来的に再利用していくことを考えると、再利用可能になる枠が大きくなるほう、つまり含み益（評価額－簿価）が小さいほうを優先的に売却していくのがよいでしょう。

300万円が必要になったら？

300万円投資し、値上がりして1.5倍になった状態

400万円投資し、値上がりして2倍になった状態

売却前

	つみたて投資枠	成長投資枠	合計（総枠）
購入価格（簿価）	300万円	400万円	**700**万円
評価額	450万円（購入価格の1.5倍）	800万円（購入価格の2倍）	1,250万円

「つみたて投資枠」「成長投資枠」のどちらを優先して売却すべきか？

❶ つみたて投資枠を売却

	つみたて投資枠	成長投資枠	合計（総枠）
購入価格（簿価）	**100**万円	400万円	**500**万円 ← 売却前より**200万円**減少
評価額	**150**万円	800万円	**950**万円 ← 売却前より**300万円**減少

↑ **300万円分売却したあと**

❷ 成長投資枠を売却

	つみたて投資枠	成長投資枠	合計（総枠）
購入価格（簿価）	300万円	**250**万円	**550**万円 ← 売却前より**150万円**減少
評価額	450万円	**500**万円	**950**万円 ← 売却前より**300万円**減少

↑ **300万円分売却したあと**

➡この場合は「つみたて投資枠」を売却すべき！

★ 新しいNISAでは、売却後、翌年以降に非課税保有限度額（生涯投資枠）＆年間投資枠の範囲内で再投資が可能。

★ 同じ商品に投資している場合、利益が出ていないほうを売却したほうが、売却後に再利用可能になる額が大きくなります。

新しいNISAでも注意すべきは「損益通算」や「繰越控除」！

新しいNISAは、恒久的《こうきゅうてき》な制度で、非課税期間も無期限と基本的にはいいことずくめなのですが、ほぼ唯一といっていいデメリットは損益通算《そんえきつうさん》や繰越控除《くりこしこうじょ》ができないことです。

まず損益通算について説明します。税金のかかる特定口座の場合、利益と損失を合算して正味で黒字となった場合にのみ課税されるというルールがあり、損益通算とよばれています。図のように、ある年に40万円の利益と、10万円の損失が出た場合、合算すると30万円の利益ですから、税金は6万円（30万円×20％）となります。

つぎにNISA口座の場合ですが、40万円利益が出たものについては、そもそも非課税ですから税金はかかりません。いっぽう、別の商品で10万円の損失が出たら、〝なかったこと〟として扱われますので、特定口座なら利用できる損益通算というメリットが得られないことになります。

なお、特定口座の年間通算損益がマイナス（譲渡損失）となった場合には、翌年以降に3年間繰り越すことができ、繰越控除とよばれています。NISA口座ではこの繰越控除もできませんので、注意が必要です。

上場株式などは個別性が強く、業績悪化にともない、株価が長期的に低迷してしまうリスクも考えられます。NISA口座で投資する場合は、十分ご留意ください。

利益と損失、どう扱われるか？

利益と損失を合算したうえで税金を計算することを**損益通算**といいます。

特定口座（課税）なら

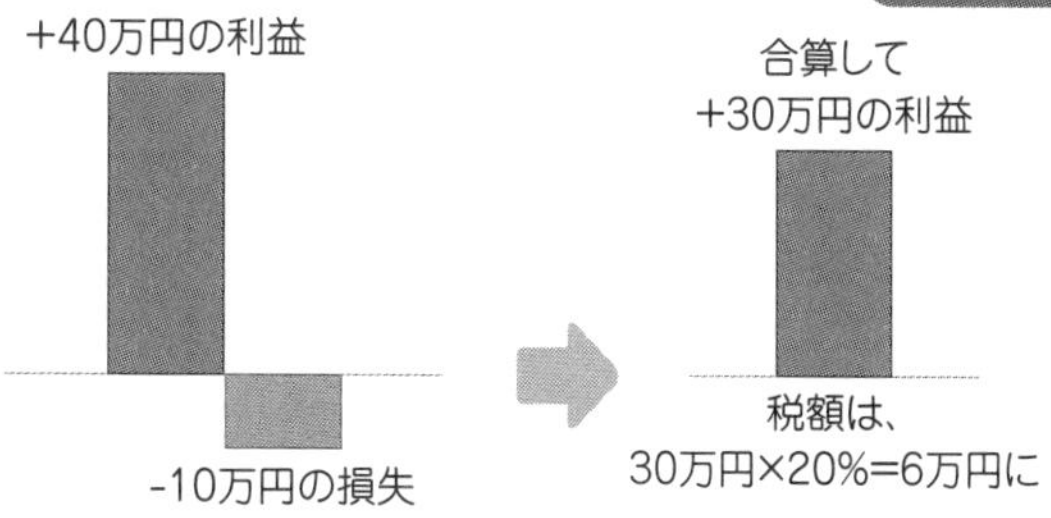

NISA口座（非課税）なら

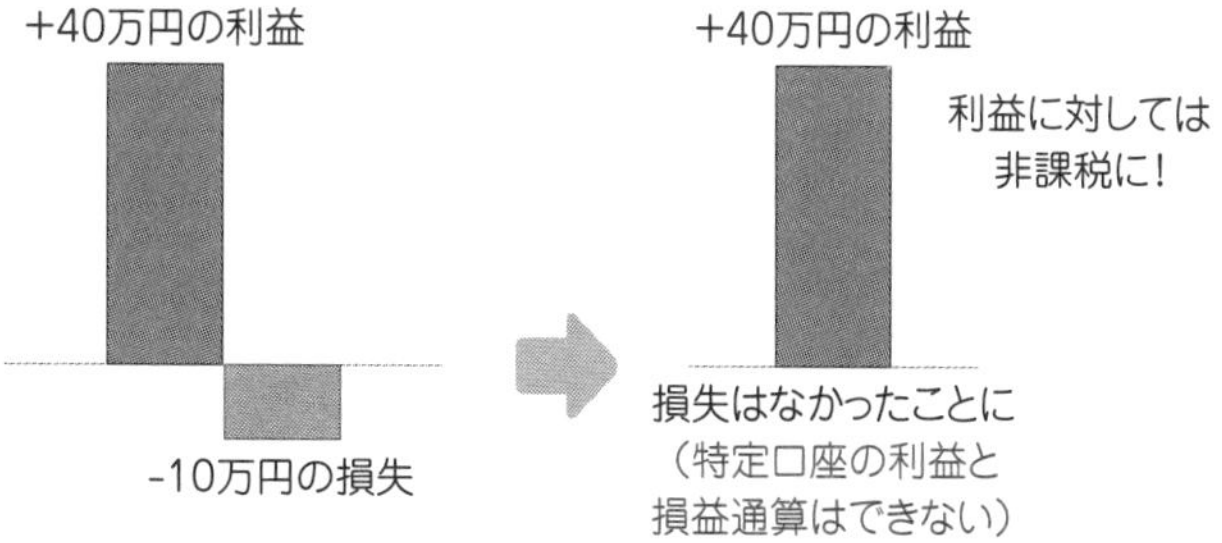

★ 特定口座なら年間損益がマイナス（譲渡損失）の場合、翌年以降3年間繰り越すことができます（繰越控除）が、**NISA口座ではできません！**

現行のNISAはいつまで？新しいNISAはいつから？

現行のNISA（つみたてNISA／一般NISA）は2023年12月末まで新規での投資が可能で、2024年1月からは新しいNISAとなります。

ここで注意すべきは、現行のNISAで2023年までに投資したものは、つみたてNISAであれば最長20年間、一般NISAであれば最長5年間、それぞれ保有を継続できることです。たとえば、つみたてNISAで2023年に投資した場合、最長2042年までは非課税で投資を継続できます。同様に、2022年に投資した分は2041年まで、2021年分は2040年まで…と継続できるのです。

一般NISAも同様で、2023年に投資した分は、最長2027年まで非課税で投資を継続できます。ただし、従来は可能だったロールオーバー（非課税期間終了年の翌年の一般NISA口座に移管できる仕組み）は利用できませんので、この点は注意が必要です。

いずれにしても、2023年までに現行NISAで投資した分は、2024年に新しいNISAが開始されても、引き続き現行NISAの制度として保有を継続できますので、あわてて売却してしまうことのないよう、制度についてきちんと理解しておきましょう。

2023年までの投資分はどうする?

★ 現行のNISA(つみたてNISA、一般NISA)では、2023年まで新規の投資が可能。

★ 2024年からの新しいNISAとは別枠で、**今後も非課税期間が継続。**

⇨ 現行のNISAで2023年までに投資した分は、今後も非課税メリットを受けながら継続保有が可能です。

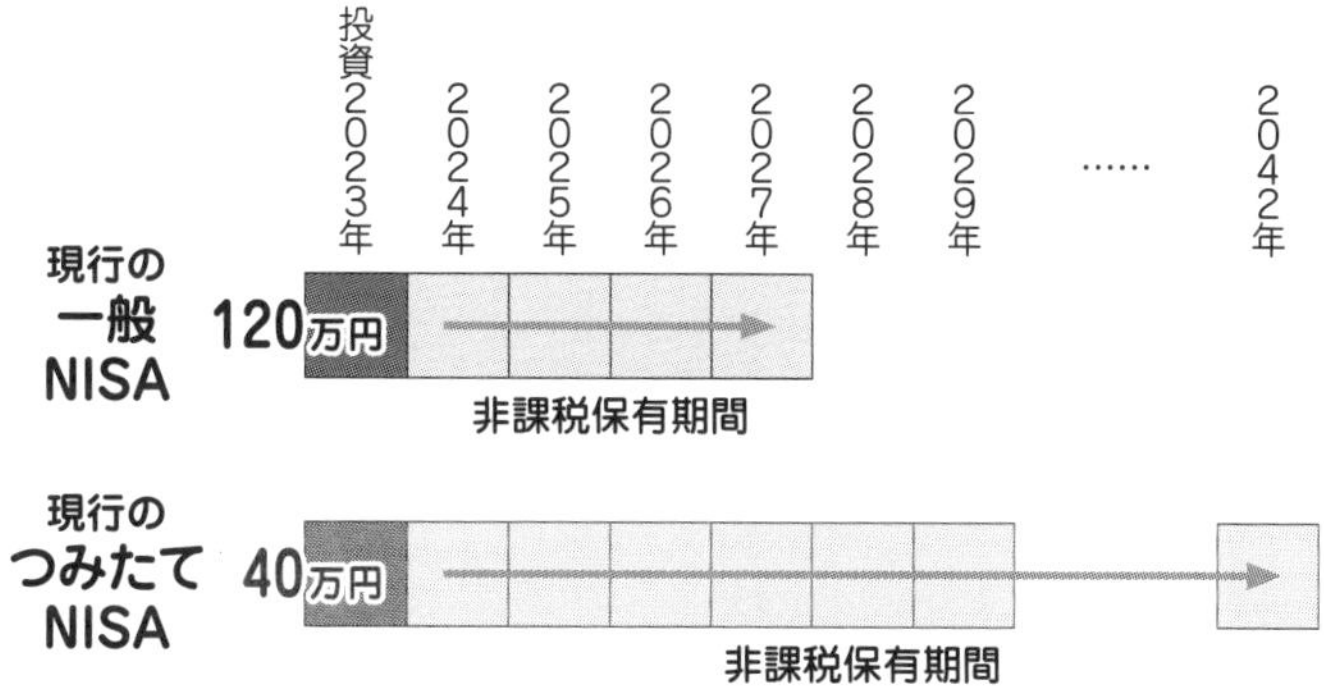

新しいNISAが始まるからといって
売却する必要はありません!

2023年は新しいNISAのスタートを待つべき？

新しいNISAでは投資可能額が大きく、非課税期間も無期限となるため、2023年は現行NISAを利用せず、2024年に新しいNISAが始まるまで待ったほうがよいのでは？ と考える方もいると思います。しかし、2023年の現行のNISAも利用するのがおすすめです。投資は長期で継続することが大切ですから、少しでも長く投資するために、できるだけ早く始めたほうが有利です。つまり、2023年も現行NISAを利用して1日でも早く積立投資を始めるのがおすすめです。

現行のNISAを利用するなら、おすすめは非課税期間が最長20年のつみたてNISAです。一般NISAは年間投資額が120万円と大きいですが、最長非課税期間が5年と短く、以前は可能だったロールオーバーも今後は利用できません。資産形成が目的なら、つみたてNISA一《いっ》択《たく》といえます。

つみたてNISAの年間投資枠40万円では少ないという方は、つみたてNISAにくわえて、特定口座での投資がおすすめです。一般NISAのほうがよいのではと思う方もいると思いますが、一般NISAは非課税期間が短く、非課税期間終了時に含み損になった場合に、損益通算や繰越控除ができないため、使わないほうがよいでしょう（52ページ参照）。

新しいNISAの開始を待つ？

つみたてNISA

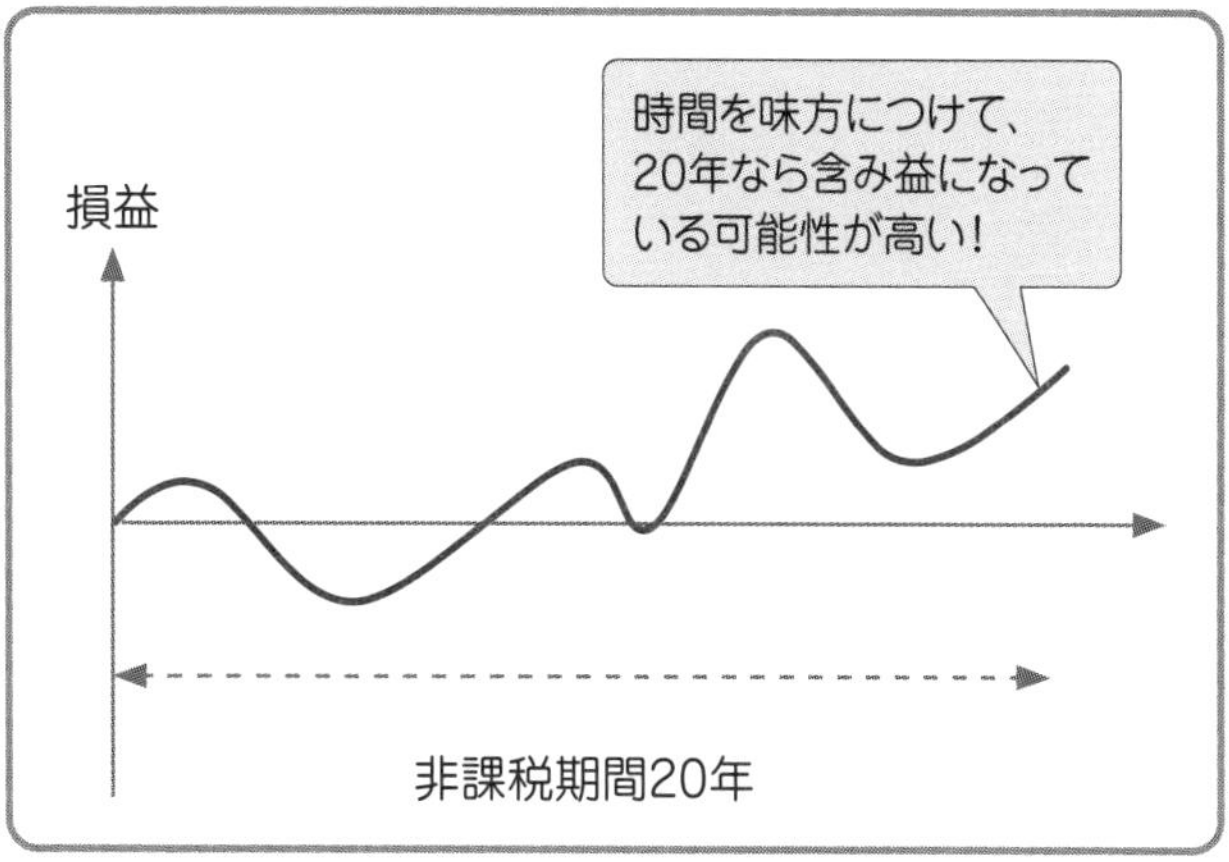

一般NISA

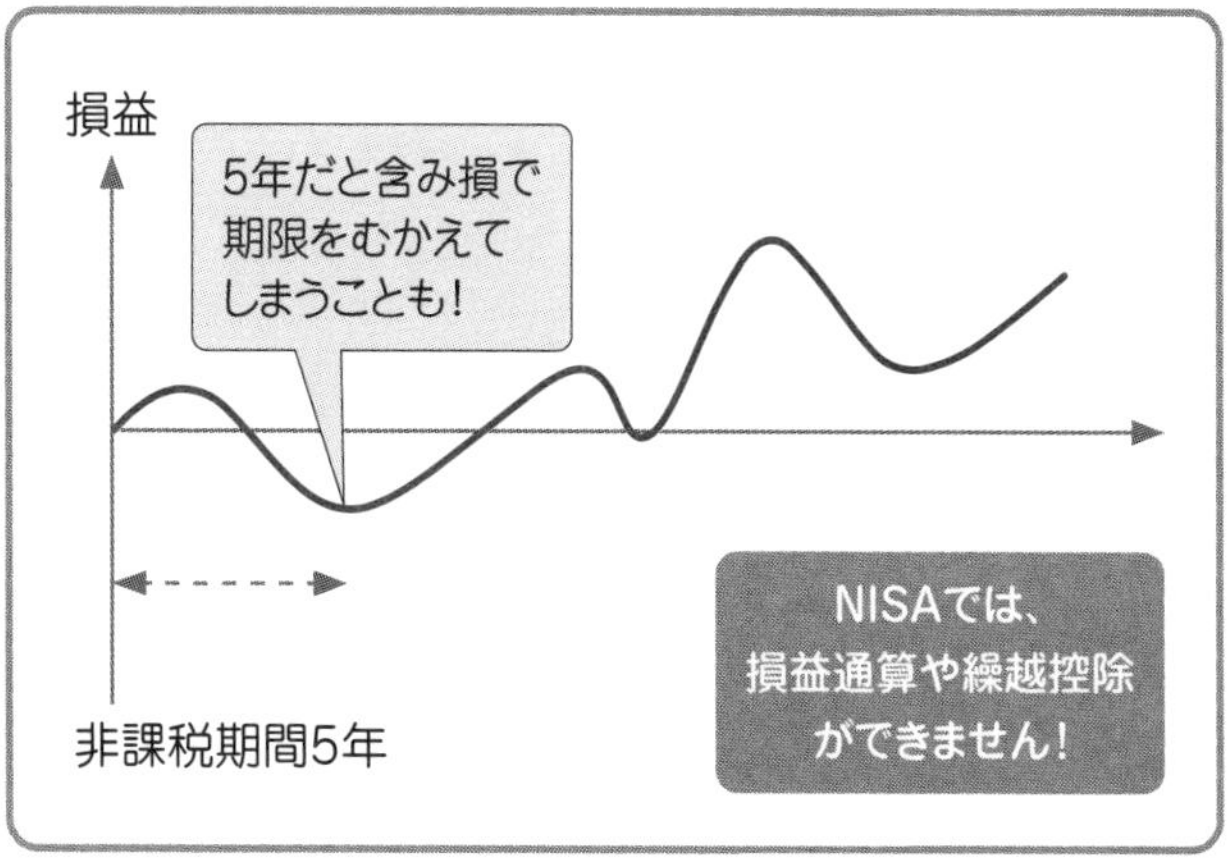

2023年は、つみたてNISAの利用がおすすめ！

◀ONE POINT 知識▶

新しいNISAについてのおすすめサイト

新しいNISAについて調べるなら、金融庁や日本証券業協会のWEBページがおすすめです。

▶金融庁

NISA特設ウェブサイト

現行のNISAや新しいNISAについて調べたいと思ったら、まず訪れたいのが金融庁のNISA特設ウェブサイトです。

▶金融庁

NISA特設ウェブサイト>NISAとは?>新しいNISA

新しいNISAについての最新情報はこちらでチェックしましょう。

▶日本証券業協会

2024年以降のNISAに関するQ&A

日本証券業協会が新しいNISAについてのリーフレットやQ&A集を公開しています。新しいNISAに特化しており、口座開設についての疑問など実務的な視点での情報が充実しています。

また、筆者のYouTubeでは「新しいNISA」の再生リストを作成して、基本知識から実践的な活用方法まで説明しています。

▶YouTubeチャンネル

資産形成ハンドブック再生リスト「新しいNISA」

あわせて参考にしていただければと思います。

2章

新しいNISAの「賢い使い方」を知る！

新しいNISAを利用する現実的な金額・期間とは？

2024年から始まる新しいNISAは、つみたて投資枠、成長投資枠を合計すると、最大で年間360万円まで、生涯での非課税限度額は1、800万円と、かなり使いでのある制度となっています。制度の恒久化と非課税期間の無期限化はとてもよいことなのですが、人によっては、どのようなペースで利用していけばよいか、逆に悩んでしまうかもしれません。

毎月一定の金額で非課税限度額1、800万円まで積立投資をおこなう場合に、積立金額と年数がどのようになるかを計算すると、左の表のようになります。

現実的な選択肢としては、毎月3万円（年間36万円）の50年間から、毎月30万円（年間360万円）の5年間まで、さまざまなパターンが考えられます。ここでは積立金額を一定のままとしていますが、実際には新社会人のころと、働き盛りで年収も増えてきた30～40代、老後にむけたラストスパートの50～60代では、投資できる金額も変わってきます。

もちろん1、800万円の満額を使わなければならないものでもありませんので、500万円、1、000万円など、ご自身の状況に応じた金額で検討しながら、自由に利用していただければと思います。

限度額1,800万円をフル利用するなら…

毎月積立（年12回）で非課税限度額1,800万円まで
利用する場合の積立金額と年数

月額	年額	積立年数
3万円	36万円	50年
3.75万円	45万円	40年
4万円	48万円	37.5年
5万円	60万円	30年
6万円	72万円	25年
7.5万円	90万円	20年
10万円	120万円	15年
15万円	180万円	10年
20万円	240万円	7.5年
25万円	300万円	6年
30万円	360万円	5年

最初は毎月1、000円の積立から NISAで投資デビュー!

新しいNISAで、はじめて投資をするという方もいらっしゃると思います。そういった方は、毎月1、000円の積立投資から始めるのがおすすめです。

もちろん、最初から毎月1万円、2万円…といった金額で始めるのもいいのですが、まったくはじめての方は「いきなり損したらどうしよう」「(リーマンショックのような)XXXショックが来たらどうしよう」と、不安に思われるかもしれません。そのような意味でも、毎月1、000円で始めてみるのがおすすめです。

「100円から始めてみましょう」という声もありますが、100円だと少額すぎて実感がわきづらいと思います。筆者のおすすめは、毎月1、000円を1本の世界株式インデックスファンド(70ページ参照)で積立投資を始めることです。新しいNISAならつみたて投資枠で、2023年ならつみたてNISAで始めてみるとよいでしょう。

毎月1、000円でも始めてみると、マーケットの動きに合わせて、投資信託の値段(基準価額)が上がったり下がったり、含み益になったり含み損になったり、いろいろな経験を積むことができます。少しずつ経験を積みながら、徐々に金額を上げていけばいいでしょう。

はじめての人でも不安なくチャレンジ!

はじめての投資なら、

毎月1,000円 ずつ

1本の **世界株式インデックスファンド** で

(70ページ参照)

はじめるのがおすすめ!

2023年なら、

つみたてNISA で!

2024年以降の新しいNISAなら、

つみたて投資枠 で!

経験を積みながら少しずつ金額を増やしていけばよいでしょう。

「つみたて投資枠」と「成長投資枠」、どう使い分ける?

新しいNISAでは「つみたて投資枠」と「成長投資枠」のふたつを同時に利用していくことが可能になりますが、どのように使い分ければよいのでしょうか。

非課税保有限度額はふたつの枠合計で1、800万円となりますが、その内訳については、成長投資枠が1、200万円と決められているものの、基本的には自由です。

つまり、つみたて投資枠のみを利用して1、800万円を使うこともできますし、成長投資枠を上限の1、200万円まで使うことも可能です。

また、対象商品と投資方法というふたつの視点で整理すると、左の図のようになります。成長投資枠では、上場株式やアクティブファンドなどを買わないといけないのか、と勘違いされる方がいますが、つみたて投資枠の対象商品を買うこともできますので、資産形成を目的として利用されるなら、世界株式インデックスファンドなどを購入するのがいいでしょう。

投資方法については、成長投資枠なら積立投資とスポット投資の両方ができますので、柔軟に利用ができます。たとえば、ボーナスが出たときに、その一部をまとめてスポット投資するといった利用も可能です。

2つの投資枠の商品と投資方法

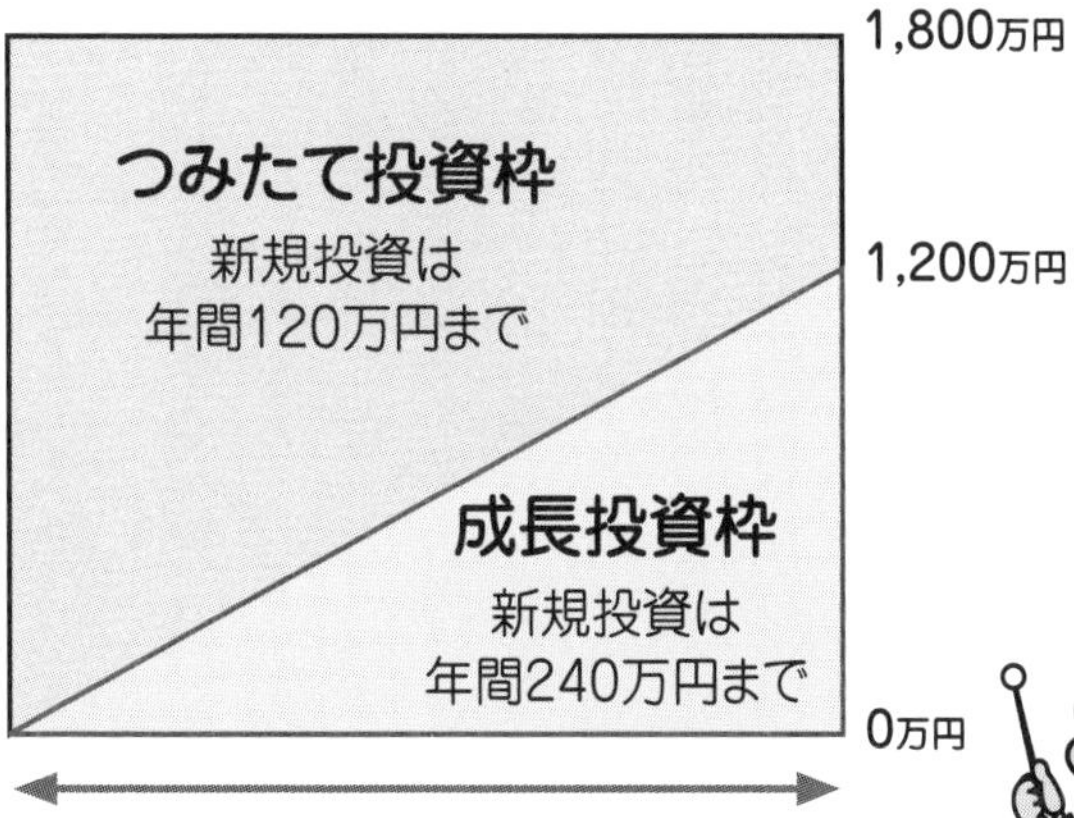

1,800万円すべてをつみたて投資枠として使うことも、成長投資枠を1,200万円までフル活用することも、使い方は人それぞれ。

資産形成におすすめなのはこちら！

		投資方法	
		積立投資（年2回以上）	スポット投資
対象商品	つみたてNISA対象商品（約227本）	つみたて投資枠 成長投資枠	成長投資枠
対象商品	上場株式・投資信託（約2,000本）等	成長投資枠	成長投資枠

★ 成長投資枠で、つみたてNISA対象商品を買うことも可能。
★ 資産形成が目的なら、新しいNISAでは世界株式インデックスファンド等のみという選択肢も。

「つみたて投資枠」のおすすめ活用法とは？

つみたて投資枠のおすすめ活用方法について説明します。基本的に世界の幅広い株式を対象としたインデックスファンドを、毎月購入していく積立投資で利用するのがおすすめです。つみたて投資枠では、１年あたり最大１２０万円、合計では１、８００万円（生涯非課税限度額）まで投資が可能です（１、８００万円は成長投資枠をいっさい使わなかった場合の限度額）。

年間で最大１２０万円ですが、もちろん限度額まで使う必要はありませんので、前述のとおり、毎月１、０００円で年間１・２万円から始めてもいいですし、１か月２万～３万円など、ご自身の家計状況に応じて、無理のない金額で始めてみましょう。

つみたて投資枠の対象商品は現行のつみたてＮＩＳＡ対象商品と同様で、積立・分散投資に適した一定の投資信託になります。

長期的には高めのリターンが期待できる、世界の幅広い株式を対象としたインデックスファンドがおすすめです。先進国や新興国の合計47か国を対象としたものや、日本を除く先進国22か国を対象としたものなど、先進国を含み多数の国に分散できるものがよいでしょう。具体的なおすすめ商品については、70ページをご覧ください。

インデックスファンドの対象国 3パターン

「つみたて投資枠」のおすすめ活用法

**ご自身の家計状況に適した金額で、
世界の幅広い株式を対象とした
インデックスファンドに積立投資**

対象国は以下の３パターンのいずれかがおすすめ

❶ 全世界（先進国＋新興国）…47か国

❷ 日本を除く全世界（日本を除く先進国＋新興国）
…46か国

❸ 日本を除く先進国…22か国

とくにこだわりがなければ、もっとも幅広く
分散できる❶全世界でOK！

「成長投資枠」は、どんなときに利用する？

成長投資枠は、どのように使えばよいでしょうか。新しいＮＩＳＡの非課税限度額１、８００万円はすべてをつみたて投資枠として利用できますので、投資額が年間１２０万円以内なら、つみたて投資枠のみを使えばよいでしょう。

成長投資枠はどのようなときに必要でしょうか。大きく分けて2パターンが考えられます。ひとつ目は、つみたて投資枠の年間上限１２０万円を上回る金額の投資です。商品はつみたて投資枠と同じでも、ボーナス、相続・贈与、マイホームの売却など、何らかの理由でまとまったお金が入った際にまとめて投資する場合、あるいは、すでに特定口座でまとまった金額を持っていて、それを新しいＮＩＳＡに移す場合（実際には特定口座の分を売却して、新しいＮＩＳＡで買い直し）が考えられます。

ふたつ目のパターンは、つみたて投資枠では対象外となる商品に投資したい場合です。上場株式、アクティブファンドなどの投資信託、ＥＴＦ（上場投資信託）、ＲＥＩＴ（不動産投資信託）などは、成長投資枠でしか購入できませんから、成長投資枠を利用することになります。ただし、資産形成が目的なら、つみたて投資枠対象商品のみから選ぶことをおすすめします。

こんなときは「成長投資枠」を利用

❶ 年間120万円を超えて投資する場合

年間120万円を超えて投資する場合は、成長投資枠を併用して最大360万円まで投資できます。商品はつみたて投資枠で投資しているものと同じでOK。

❷ 成長投資枠でしか投資できない商品に投資する場合

上場株式、アクティブファンド、ETF（上場投資信託）、REIT（不動産投資信託）など、つみたて投資枠対象外の商品に投資できます。

＊資産形成が目的なら、つみたて投資枠対象商品のみで十分です。

新しいNISAで投資すべき「投資信託」厳選6本とは？

資産形成を目的として新しいNISAで投資するなら、おすすめの投資信託は左ページの6本です。いずれも世界の47、46、22か国の株式を対象とした、運用残高の大きい、低コストのインデックスファンドです。

対象国で、❶日本を含む先進国と新興国の合計47か国、❷日本を除く先進国と新興国の合計46か国、❸日本を除く先進国の合計22か国——の3グループに分かれます。

世界のできるだけ幅広い国に分散して投資したい方は、❶もしくは❷から選ぶとよいでしょう。eMAXIS Slim全世界株式（オール・カントリー）や、eMAXIS Slim全世界株式（除く日本）は、各国の上場企業の中でも規模が大きめのところが対象で、銘柄数は2、600〜2、900銘柄程度です。いっぽう、楽天・全世界株式インデックスファンドは小さめの企業までを対象としているため、構成銘柄数は9、500銘柄程度です。最後に、中国やインドなどの新興国を除いて、先進国のみに投資したい方は、❸から選ぶとよいでしょう。

なお、この6本がおすすめですが、基本的にはこの中から1本に投資すれば十分です。複数に投資してても投資対象が重複してしまいます。よって、この中から2本、3本と複数に投資する必要はありません。

迷わず、この商品でOK

ファンド名称		
運用会社	運用残高(2023/4/19時点)	総経費率
❶ おすすめの世界株式インデックスファンド(世界47か国)		
eMAXIS Slim 全世界株式(オール・カントリー)		
三菱UFJ国際投信(株)	1兆182億円	0.15%
楽天・全世界株式インデックスファンド		
楽天投信投資顧問(株)	2,723億円	0.23%
❷ おすすめの世界株式(日本を除く)インデックスファンド(世界46か国)		
eMAXIS Slim 全世界株式(除く日本)		
三菱UFJ国際投信(株)	2,377億円	0.15%
❸ おすすめの先進国株式インデックスファンド(先進国22か国)		
〈購入・換金手数料なし〉ニッセイ外国株式インデックスファンド		
ニッセイアセットマネジメント(株)	4,726億円	0.13%
eMAXIS Slim 先進国株式インデックス		
三菱UFJ国際投信(株)	4,354億円	0.13%
たわらノーロード先進国株式		
アセットマネジメントOne(株)	2,925億円	0.14%

*ウェルスアドバイザーおよび各社ウェブサイトより、筆者作成

資産形成を目的として新NISAで投資するならこの6本!
この中から1本選べば十分です!

個別株、アクティブファンドなどに分散投資しなくていい？

前項では、世界の幅広い株式に分散して投資できる、低コストのインデックスファンドをおすすめとして紹介しましたが、個別株やアクティブファンドなどの投資信託、REIT（不動産投資信託）などの成長投資枠でのみ投資可能な他の商品には投資しなくてよいのでしょうか？

資産形成が目的であるなら、筆者はそういった商品に投資する必要はないと考えています。世界株式インデックスファンド1本だけでも、数千銘柄と十分に分散されているからです。

個別株については日本株式に限定しても4、000銘柄弱あり、投資信託については、成長投資枠で投資可能なものは約2、000本になるといわれています。これだけある銘柄、商品の中から、ご自身に適したものを選択するのは至難《しなん》の業《わざ》（というか、ほぼ無理《ムリ》ゲー）です。

インデックスファンドと異なり、個別株の場合、その企業の業績や財務状況、ビジネスの将来性などを分析・考慮し、割高・割安を判定して投資します。また、投資信託もさまざまな運用方針・運用戦略があり、比較検討するのはとても骨の折れる作業でしょう（投資信託の評価を専門にするプロがいるくらいです）。

資産形成が目的なら、「おすすめの6本」から選ぶだけで十分でしょう。

なぜ「投資する必要なし」なのか

日本の個別株
約4,000銘柄
＊海外まで広げると
さらに増えます。

★ これだけの中から自分にあった対象を選ぶことは至難の業です。

★ しかも、一度選べたとしても、業績・経営状況や運用状況などは変わっていくため、ウオッチしつづけ、見直していくという負担が発生します。

日本で一般に販売されている投資信託
約4,500本

成長投資枠の対象商品
約2,000本

新しいNISAの損益の状況は年に1~2回チェックで十分

投資というと、たくさんの画面でニュースやチャートをチェックしていたり、スマホ片手に株価をつねにチェックしているといったイメージをもつ方もいるかもしれません。しかし資産形成で必要な投資は、そのようなものではありません。

投資をしている人なら誰もが気になる損益状況ですが、年に1~2回チェックすれば十分でしょう。もちろん個別株などに投資している場合はこの限りではありませんが、資産形成が目的で世界株式インデックスファンドに投資する場合には、年1~2回、多くても月に1回くらいで十分だと思います。

みなさんが損益状況をチェックしたかどうかは、投資の成績に影響を及ぼしません。むしろ悪化する可能性が高いとされています（144ページ参照）。長期的に資産形成していく場合、上がった下がったに応じて売買する必要はありません。じっと持ち続けることが大切です。

利益は投資信託を通じて投資している企業がビジネスをおこなうことで生み出してくれます。その成果が株価の上昇や配当の分配につながり、結果的に投資信託を通してみなさんに還元されるのです。ジタバタする必要はないのです。

「ほったらかし」が正解なわけ

✕ 経済ニュース、株価の動向、投資の損益状況は随時チェックし、日々、買ったり売ったりしながら利益を出してく。

◎ 損益状況は、年に1〜2回チェックすれば十分。
リターンは、投資先の企業が利益を生み出した結果もたらされる。

特定口座の持ち分は売却し、新しいNISAに移すべき?

すでに特定口座で投資している場合、そのまま持ち続けるべきでしょうか、それとも一度売却して新しいNISAで買い直すべきでしょうか。

左ページの具体例で考えてみましょう。元本100万円に対して60%の含み益が出ていて、総額160万円だとします。その後、数年後にさらに1・5倍になるとします。

特定口座で持ち続けた場合は160万円が240万円になり、売却すると利益140万円に対して20%、つまり28万円の税金が取られ、手元に残るのは212万円になります。

いっぽう、一度売却して新しいNISAで買い直した後に1・5倍に上昇した場合は、最初に売却した時点で60万円に対する20%、12万円が課税されます。新しいNISAで買い直すことができる金額は148万円（160万円-12万円）と少し目減りしますが、50%上昇後の222万円に対してはいっさい課税されません。つまり、手取りは222万円と、特定口座で継続保有の場合より10万円多くなるのです。

ここでは具体例で説明しましたが、一般的に特定口座で含み益となっている場合は、一度売却して新しいNISAで買い直すほうが将来的にはトクになります。なお、特定口座の分が含み損の場合は、特定口座で損益通算できるかどうかも考慮しながら判断していく必要があります。

売却する・しない…どっちがトク？

特定口座で含み益が60％ある場合（元本100万円+含み益60万円）

❶特定口座での保有を継続

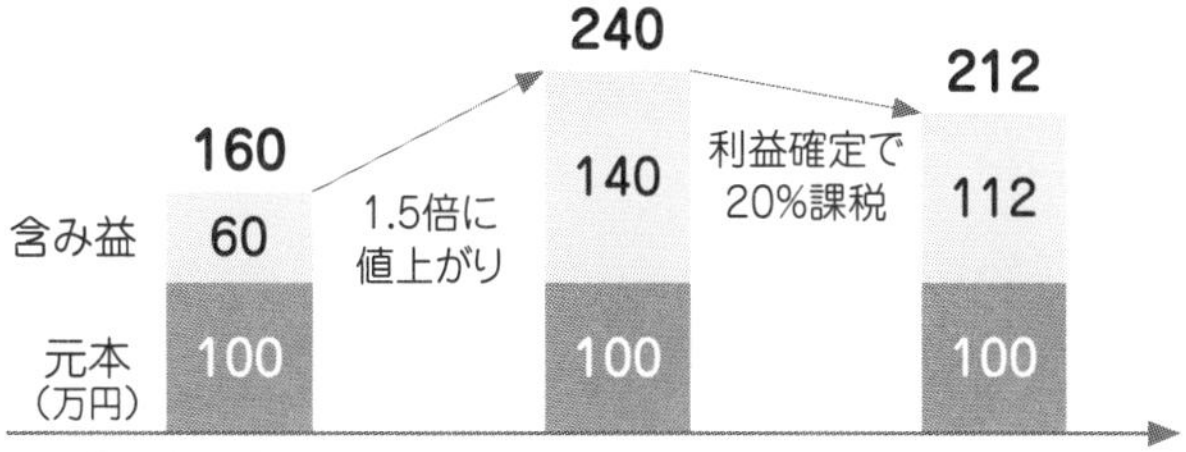

その後、1.5倍に値上がりすると240万円に。
売却すると、140万円×20％=税額28万円。
⇨ 手元に残るのは **212**万円。

❷売却して、新NISAで買い直し

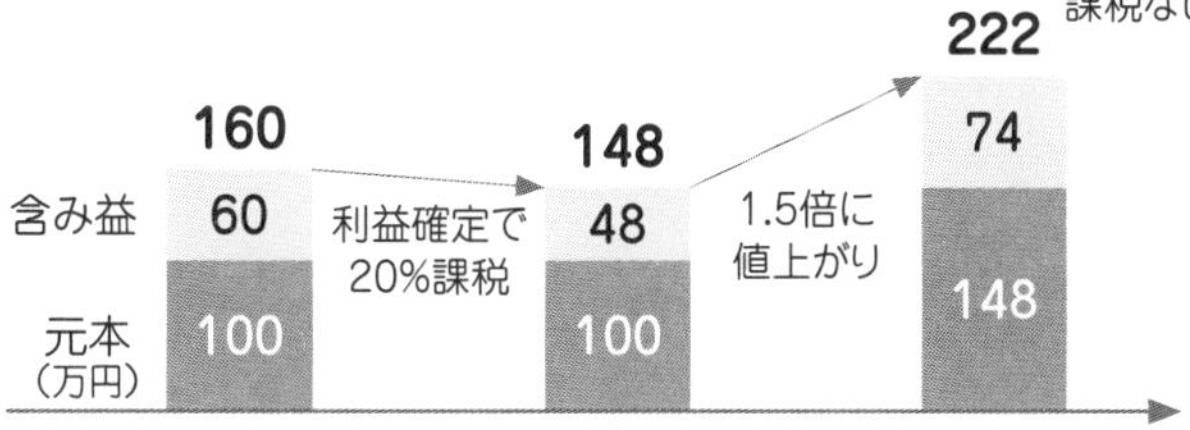

売却して、新NISA口座で買い直すと、投資額は148万円に。
⇨ その後、1.5倍に値上がりすると **222**万円に。

➡ 特定口座保有分は売却して、新NISAに移した方がよい！

＊ただし、含み損状態にある場合は損益通算メリットを考慮する。

含み益、含み損とは／保有する資産が買った時よりも値上がりし、売却した場合には利益が出る状態を含み益があるという。逆に値下がりしていて、損失が出る状態を含み損があるという。

売却して新しいＮＩＳＡで買い直すなら一括か？ 積立か？

すでに特定口座で含み益が出ているものを一度売却して、新しいＮＩＳＡで買い直す際に注意すべきことがあります。それは、売却したら間《ま》をおかずに、速《すみ》やかに買い直すということです。

たとえば、特定口座で１６０万円（元本１００万円、含み益60万円）分を１度で売却すると、手元に残るのは１４８万円（12万円は税金）ですが、売却したらすぐに１４８万円分を新しいＮＩＳＡ口座で一括購入するのがおすすめです。ここで、37万円ずつ４回に分けるなど、積立（分割）はＮＧです。

よくあるのが、売却したあと、少し下がったところで買い直そうと考えていたものの、そのまま上昇がつづいてしまい、気づくと買うに買えなくなってしまう…というものです。上がるか下がるかがわかれば苦労しないのですが、短期的なマーケットは予測不可能ですから、売却したら、間をおかずにすぐに買い直すようにしましょう。

なお、これは特定口座内での買い直しでも同じです。たとえば、個別株式を売却して、インデックスファンドを買い直す場合など、そのまま買いそびれてしまう方がいます。乗り換える時は売却から購入まで間をあけることなく、速やかにおこないましょう。

速攻で買い直すのが正解

**特定口座分を売却後、
新しいNISA口座では…**

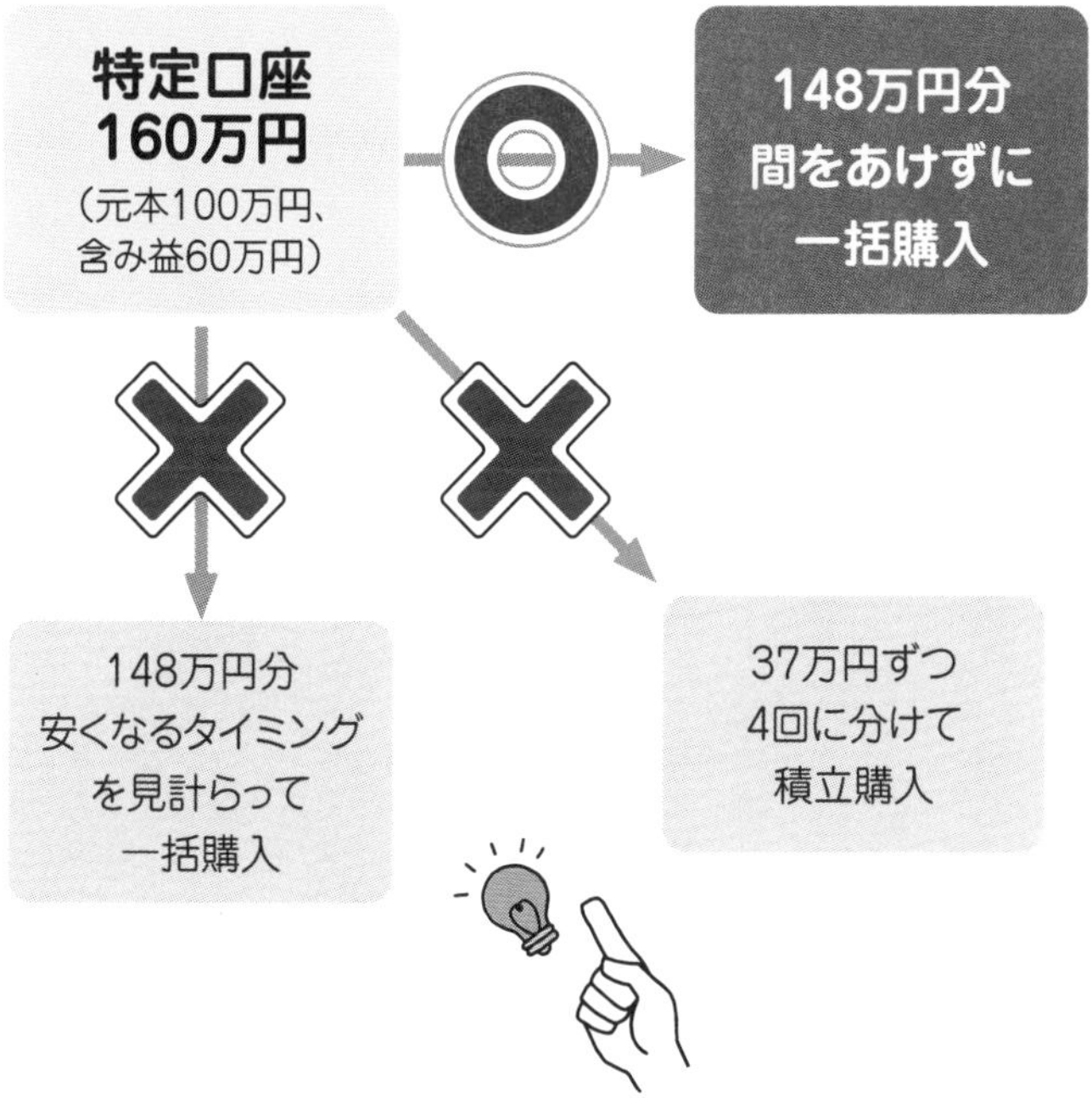

・特定口座の持ち分を売却し、新しいNISA口座で買い直していく際には、**定期売却サービス**を利用すると便利です。
・毎月特定口座で売却すると同時に、新しいNISA口座での購入を自動的におこなっていくことができます。

つみたてＮＩＳＡで持っている分は、いつ売却するといい？

つみたてＮＩＳＡでこれまで投資をしてきた方は、新しいＮＩＳＡのスタートに際して、すでに投資している分についてはどうすればよいのでしょうか。

まず勘違いしないでいただきたい点は、２０１８年から２０２３年までにつみたてＮＩＳＡで投資したお金については、投資した年から20年間は今後も非課税扱いで保有を継続できることです。たとえば、２０２３年につみたてＮＩＳＡで投資したお金は２０４２年まで非課税で保有できますので、ライフイベントなどで使う必要がないのであれば、基本的にはそのまま保有を継続していくのがよいでしょう。

新しいＮＩＳＡが開始される２０２４年以降で、売却する必要がある場合には、非課税期間の短いものから、つまり２０１８年投資分（２０３７年まで非課税）、２０１９年投資分（２０３８年まで非課税）…という順に売却していけばよいでしょう。

なお、つみたてＮＩＳＡでいくら投資していたとしても、新しいＮＩＳＡの非課税保有限度額は誰もが一律に１、８００万円と別枠になりますので、そういう意味でも必要がなければ売却する必要はありません。

売却を急ぐ必要はない

2018年から始まった現行のつみたてNISAで投資したお金は、今後も、最長20年間は非課税で保有を継続できます！

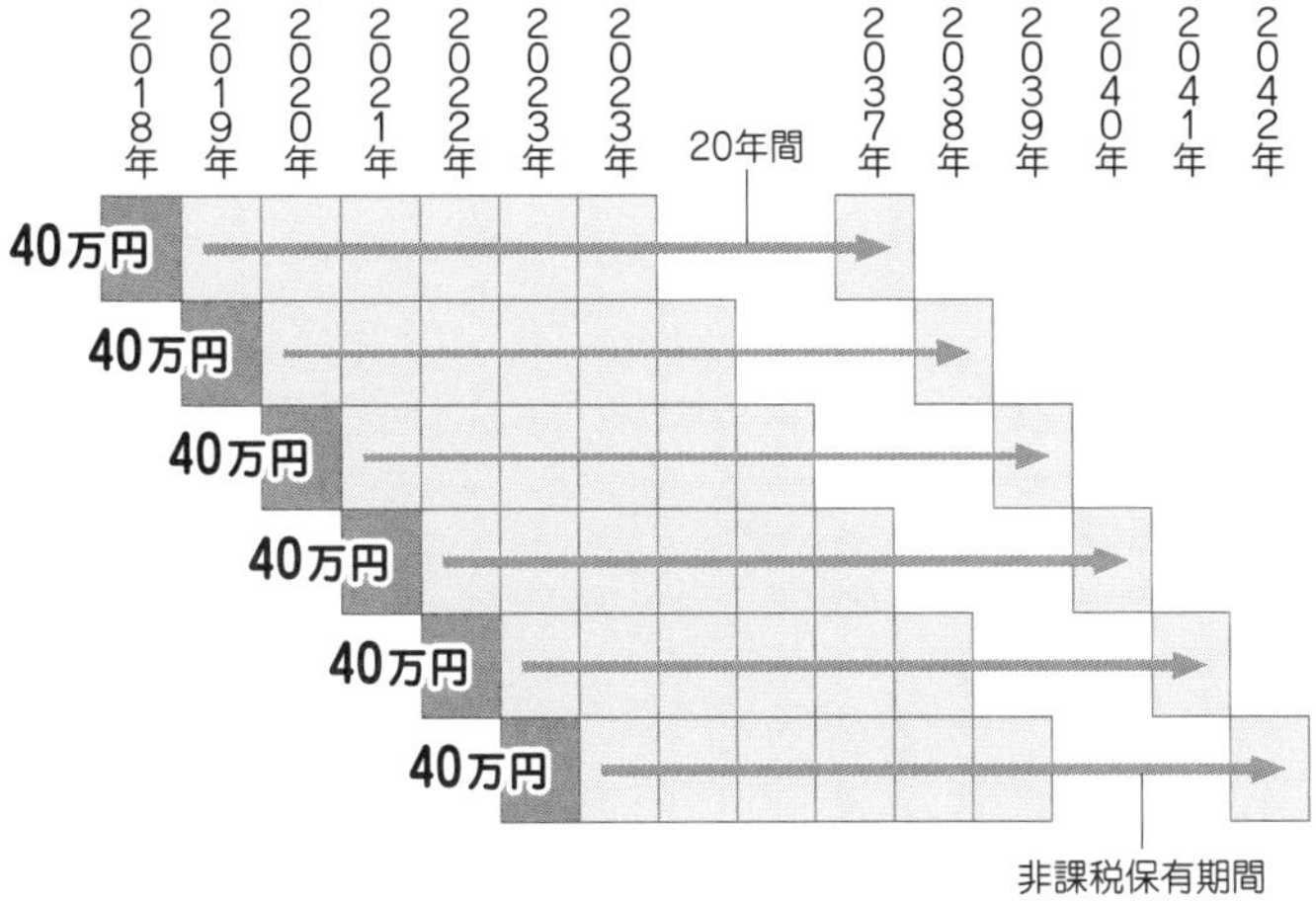

売却するのは、ライフイベントなどでお金を使うとき！

一般NISAで持っている分は、いつ売却するといい？

一般NISAでこれまで投資をしてきた方は、新しいNISAのスタートにあたり、すでに投資している分はどうすればよいのでしょうか。

一般NISAの非課税期間は最長5年ですから、左図のように2023年以降に、2019年投資分から順次、非課税期間が終了します。一般NISAの場合、以前はロールオーバー（非課税期間終了年の翌年の一般NISA口座に移管できる仕組み）が利用できましたが、今後は利用できませんので、ひとつの対応策としては、非課税期間終了時にいったん売却し、新しいNISA口座で買い直すというものです。そうすることで、今後は無期限非課税で投資を継続することができるようになります。

ただし、一般NISAの非課税期間は最長5年と短いため、非課税期間の終了時にたまたま含み損の状態になってしまう可能性も十分考えられます。そうなると、損益通算や繰越控除ができずデメリットしか残りません。非課税期間の終了を待たずに、途中でほどほどの利益が出ている状態になったら、早めに売却して利益確定しておくことも大切です。

NISA制度のデメリットである「損益通算や繰越控除が利用できない」ことには、十分ご注意ください。

いったん売却➔買い直す

現行の一般NISAの非課税期間満了時に、いったん売却したうえで、新しいNISA口座で買い直すことで、そのまま長期非課税投資になります。

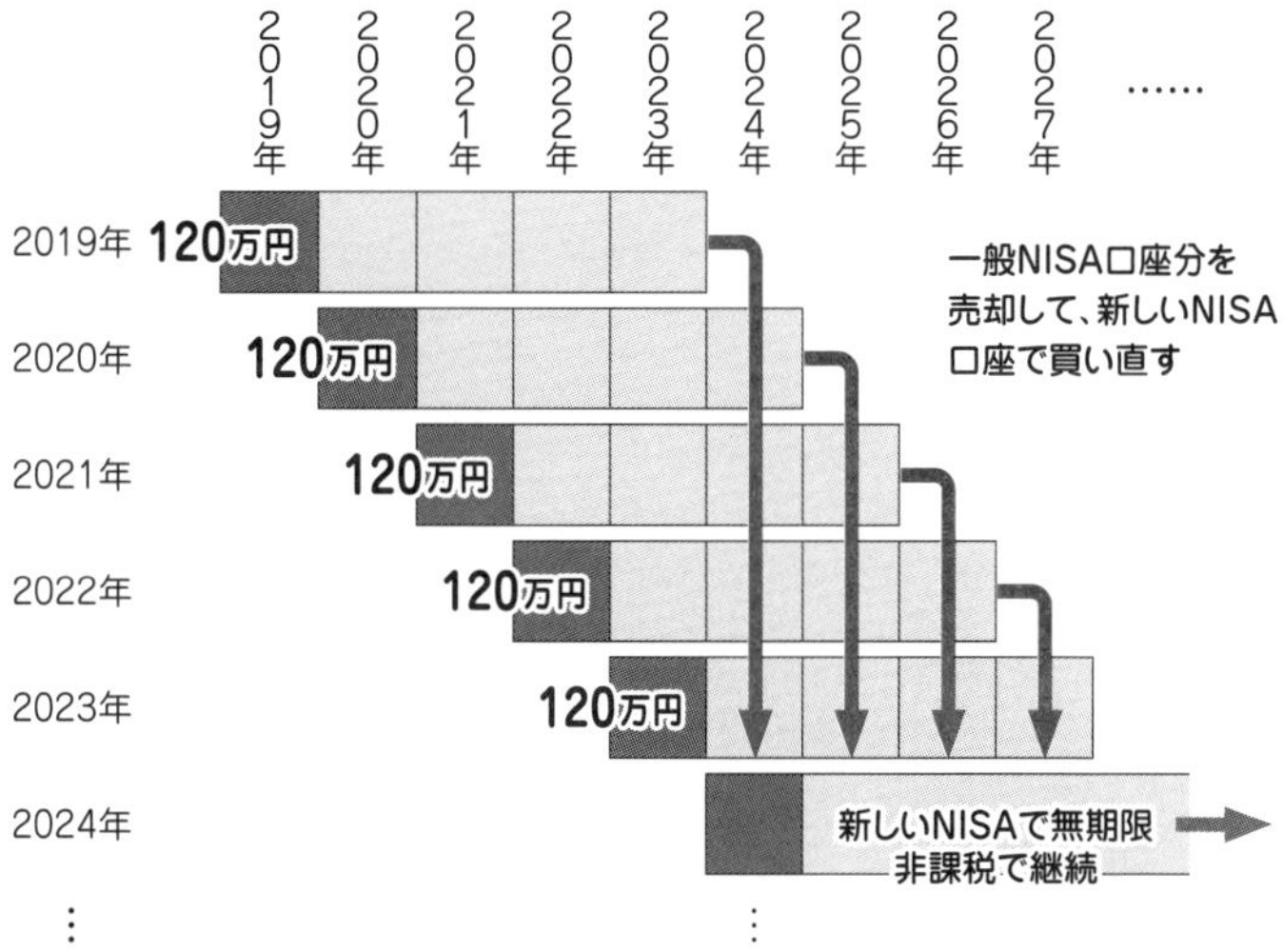

★ ただし、一般NISAの非課税期間終了時点で、たまたま含み損になっていた場合、結果的に非課税メリットが得られないどころか、損益通算や繰越控除ができないデメリットのみとなってしまう点には注意が必要。

★ ほどほどの含み益になったら、早めに売却して、利益確定させるのもおすすめ。

◀ONE POINT 知識▶

半分以上のアクティブファンドはインデックス未満のパフォーマンス?!

インデックスファンドよりもアクティブファンドのほうがパフォーマンスはよいのでしょうか？（インデックスファンド、アクティブファンドについては136ページ参照）

下のデータは、S&Pダウ・ジョーンズ・インデックス社が定期的に公表している「日本で販売されているアクティブファンドがインデックスに対してどのようなパフォーマンスだったか」を示しているものです。

インデックスをアンダーパフォームしたファンドの割合

（2022年12月31日現在、絶対リターンベース、10年リターン）

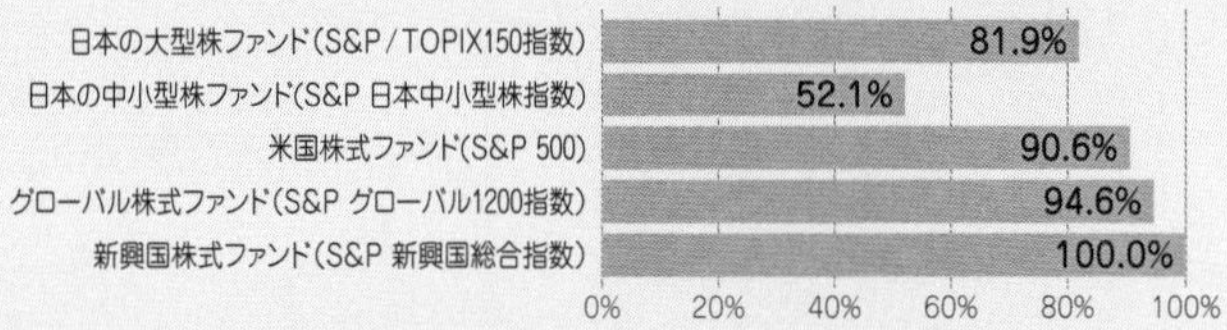

すべてのカテゴリーで半分以上のアクティブファンドがインデックスをアンダーパフォームしています（運用成績で負けている）。

ファンドの平均パフォーマンス（均等加重）

（2022年12月31日現在、全てリターンは円ベース）

インデックス		ファンド平均	
インデックス名称	10年リターン（年率換算）	10年リターン（年率換算）	ファンドカテゴリー
1. S&P / TOPIX150指数	10.70%	10.33%	1. 日本の大型株ファンド
2. S&P 日本中小型株指数	10.48%	12.82%	2. 日本の中小型株ファンド
3. S&P 500	17.42%	11.94%	3. 米国株式ファンド
4. S&P グローバル1200指数	14.04%	10.21%	4. グローバル株式ファンド

同じ番号でペアになっており、左側がインデックス、右側がファンドの平均。
「日本の中小型株ファンド」以外はすべて負けている

＊S&Pダウ・ジョーンズ・インデックス「SPIVA 日本スコアカード（Year-End 2022）」

10年間の年率リターンについても、日本の中小型株ファンドを除いてすべてインデックスに負けています。よいアクティブファンドを見つけるのは難しいことが理解できます。

3章

「世代・家族構成」別 新しいNISAの活用法！

世代・家族構成によって、さまざまなお金が必要になる

みなさんの年齢や家族構成、そして今後のライフプランによって、これから必要となるお金はさまざまです。ここでは一般的なライフイベントと、それに必要なお金の目安（平均値）を紹介します。お金のかけ方は人それぞれですので、あくまで、ひとつの目安とお考えください。

結婚は、結納・婚約から新婚旅行までの費用総額で、全国平均だと約４６９万円です。これは新型コロナウイルスの影響が出る前の２０２０年のデータですが、影響が出た２０２１年の調査では約３５７万円と減少しています。

出産費用は約49万円ですが、その後の大学卒業までの教育費は、すべて公立だと約８００万円、すべて私立だと約２、４００万円です。

マイホームは一戸建て・マンションなど建物の種類や立地によっても、水準は大きく異なります。土地つき注文住宅の全国平均だと約４、３９７万円、東京都のマンションだと約５、３９２万円です。

最後に老後資金としては、夫婦ふたりで月額23万～38万円程度という調査結果があります。

こういったライフイベントにむけて長期的にお金を準備していくために、新しいＮＩＳＡを活用していきましょう。

「ライフイベント」いくらかかるか？

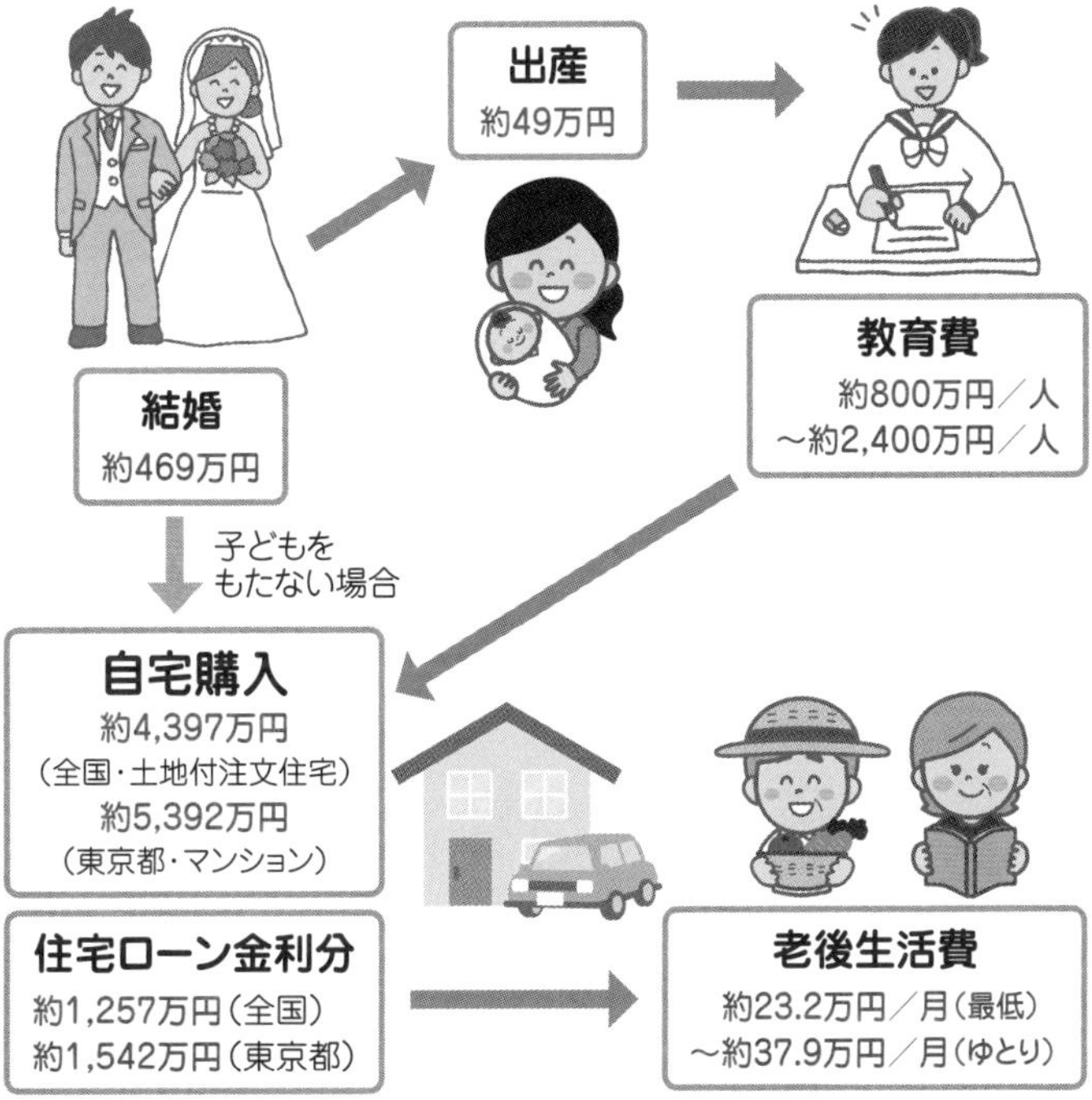

*結婚／リクルートブライダル総研「ゼクシィ結婚トレンド調査2020」より。

*出産／国民健康保険中央会「出産費用の全国平均値、中央値」から中央値（平成28年）より。

*幼稚園から高校／文部科学省「子供の学習費調査」（令和3年度）より。

*大学／文部科学省令による標準額 および 文部科学省「令和3年度私立大学入学者に係る初年度学生納付金平均額」より。

*自宅購入／住宅金融支援機構「フラット35利用者調査」（2020年度）より。

*住宅ローン金利／自宅購入金額全額を、35年、金利1.5％（フラット35、2022年7月頃）で借りた場合に、金融機関に支払う金利分の総額。筆者試算。

*老後生活費／生命保険文化センター「生活保障に関する調査」（令和4年度）より。

【新しいNISA活用法】新社会人～30代くらいのシングル

新社会人から30代くらいのシングルの方が、「これから資産形成を始める場合の新しいNISA活用プラン」を考えてみましょう。毎月1万円を30年間、世界株式インデックスファンド（具体的な商品については70ページ参照）に積立投資するイメージで考えます。

一般的に世界株式インデックスファンドであれば、長期的には4～5％程度の利回りが期待できると考えていますが、今回は0～7％の各利回りで計算します。なお、投資信託ですから、実際には利回りが変動しますが、ここでは利回りが確定しているとして試算します。

利回りが0％だと、積立元本そのままで360万円（1万円×12か月×30年）となります。

利回り5％なら、30年後には約819万円と投資元本の約2・3倍に増え、利益が約459万円となります。特定口座だと利益の20％、つまり約92万円の税金を納めることになりますが、NISA口座ならゼロとなります。

ここでは毎月1万円を30年間つづけるとしていますが、毎月の金額が2～3倍になれば、30年後の金額も2～3倍です。老後資金も含めた将来にむけた資産形成なら、実際には年収に応じて、少しずつ増額していくことも検討しましょう。

毎月1万円を30年間積み立てると…

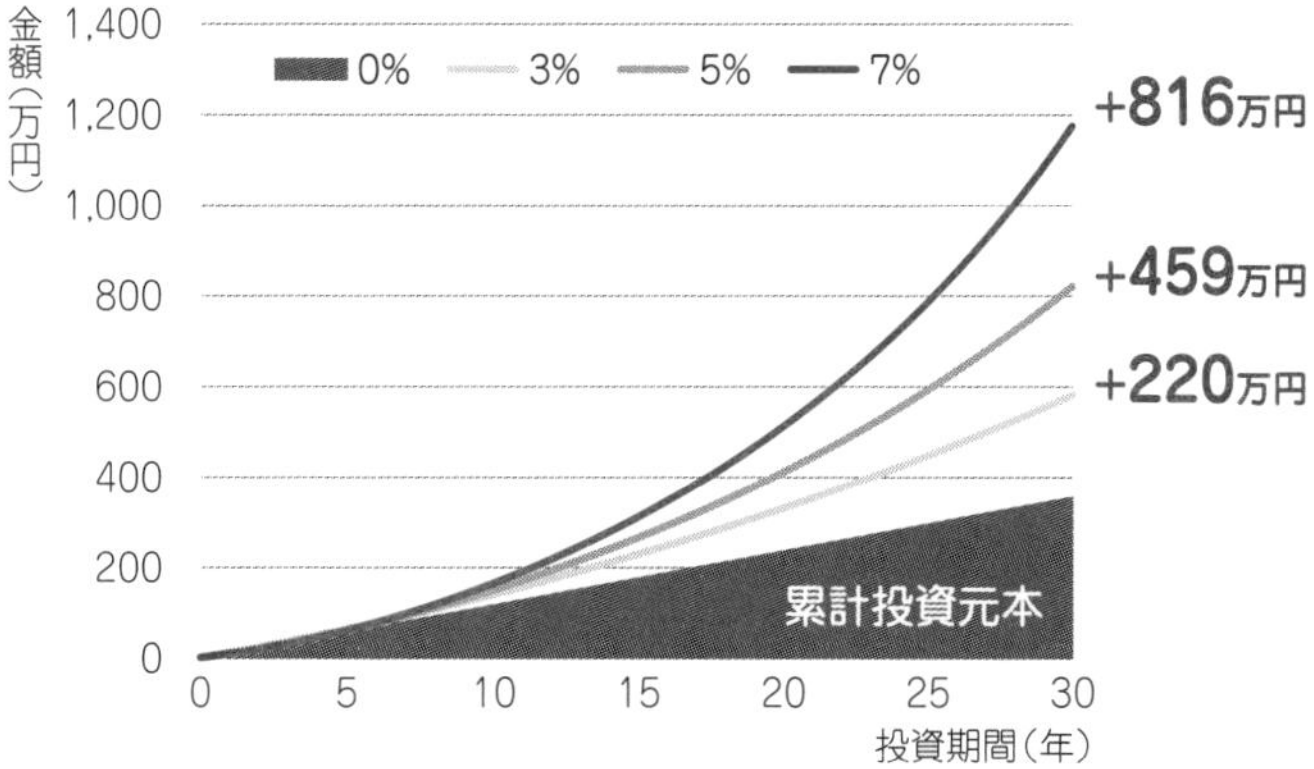

利回り	30年後の金額（評価額）	増額分（利益）
0%	360万円	0万円
3%	約580万円	+約220万円
5%	約819万円	+約459万円
7%	約1,176万円	+約816万円

＊本試算での金額や利益は、利回りが確定しているものとして計算しています。
実際の値動きには価格変動リスクがあることにご留意ください。

【新しいＮＩＳＡ活用法】子育て夫婦⇩大学の学費を18年で準備

子育て夫婦が、「子どもの教育費を新しいＮＩＳＡで準備していく」イメージの活用プランを考えてみましょう。

一般的に高校までの教育費は毎年の収入からまかないつつ、同時並行して大学入学にむけた教育資金の積立をされる方が多いと思います。ここでは、子どもが生まれてから18年間かけて、大学での教育費を準備していくことにします。従来は学資保険で準備される方が多かったと思いますが、現在では利回りがかなり低くなっていますので、かわりに新しいＮＩＳＡを活用していくイメージです。投資期間10年未満だと、元本割れリスクも高くなりますが、18年くらいの長期であれば、そのリスクはかなり下がります（154ページ参照）。

大学の教育費は、国立大学４年間で約２４３万円、私立大学４年間では文系で約４４１万円、理系で約６０１万円とされています。

毎月１万円を18年間、世界株式インデックスファンドに積立投資すると、利回り３％なら国立大学、７％なら私立文系といったイメージでしょうか。私立理系なら毎月１・５万～２万円の積立にして３～５％の利回りになれば準備できそうです。もちろん、実際の利回りは事前にわかりませんので、保守的に想定しておく必要はあります。

毎月1万円を18年間積み立てると…

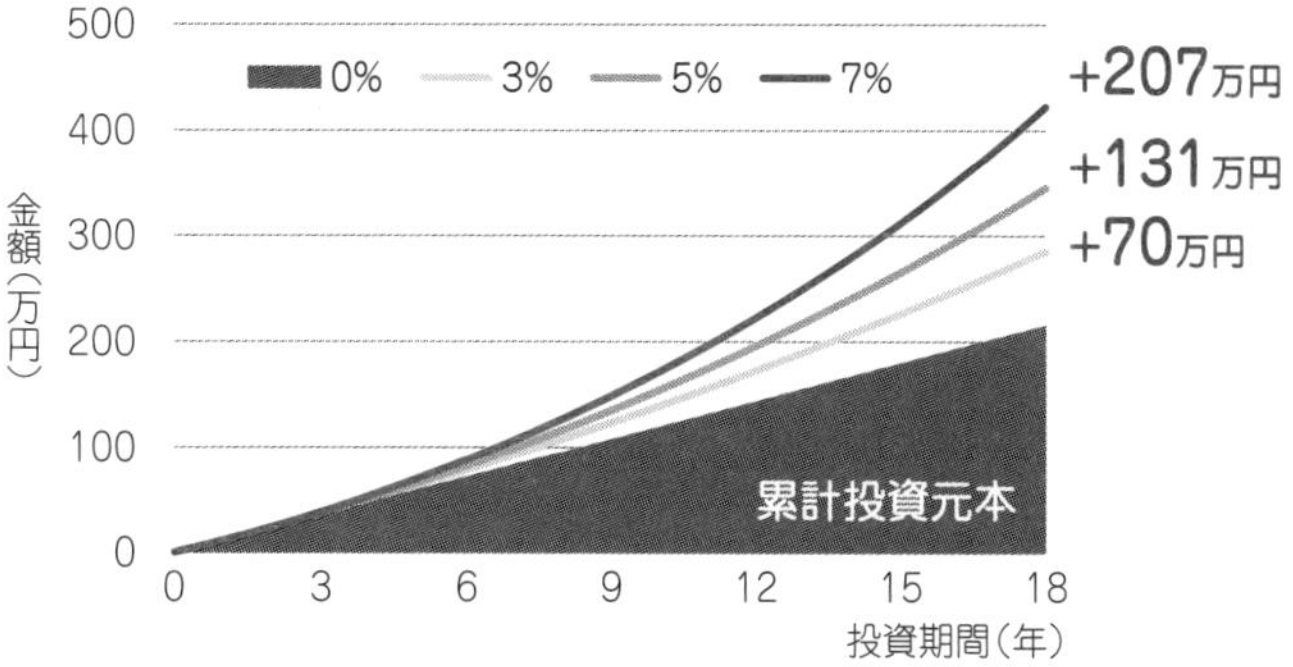

利回り	18年後の金額（評価額）	増額分（利益）
0%	216万円	0万円
3%	約286万円	+約70万円
5%	約347万円	+約131万円
7%	約423万円	+約207万円

＊本試算での金額や利益は、利回りが確定しているものとして計算しています。
実際の値動きには価格変動リスクがあることにご留意ください。

【新しいNISA活用法】子育て夫婦⇩中学受験を想定

子どもが「中学受験する場合に大学での教育費を準備する」ための活用プランを考えてみましょう。中学受験の場合は、一般的に小学校4年生ごろから本格的に学習塾に通いはじめ、受験して、そのまま私立の中高一貫校などへ進学される方が多いと思います。

そこで、小学校3年生までの教育費負担が比較的低く、家計に少し余裕がある時期に積極的に積立投資をおこない、その後は積み立てたお金を、子どもが大学生になるころまで継続保有して準備するプランです。

前半9年間が積立期間、後半9年間は積み立てたお金を保有するだけの期間になります。今回は積立期間を9年間と短くする一方で、積立額は毎月2万円としています。

利回り0％の場合は積立元本そのままで216万円です。利回り3％なら18年後の金額は約323万円と、毎月1万円を18年間積み立てた場合（90ページ参照）よりも、約37万円も増えています。早めに投資して、長く寝かせることがポイントです。さらに、利回り5％なら18年後は約422万円と、毎月1万円の18年間プランより約75万円も増えることになります。

小学校4年生以降に教育費負担が増えそうな場合は、生後すぐからの9年で準備してしまうという活用法も検討してみましょう。

毎月2万円を9年間積み立て、その後9年間保有すると…

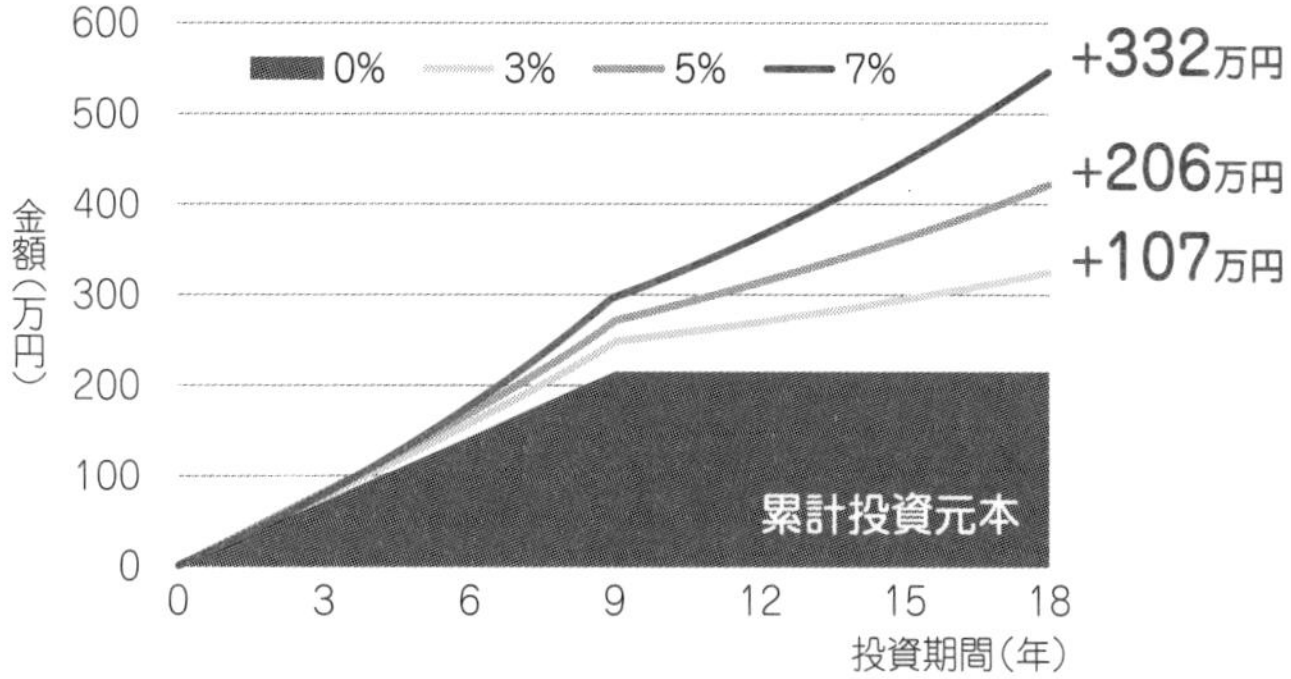

利回り	9年後の金額（評価額）	18年後の金額（評価額）	18年後の増額分（利益）
0%	216万円	216万円	0万円
3%	約248万円	約323万円	+約107万円
5%	約272万円	約422万円	+約206万円
7%	約298万円	約548万円	+約332万円

＊本試算での金額や利益は、利回りが確定しているものとして計算しています。
実際の値動きには価格変動リスクがあることにご留意ください。

【新しいNISA活用法】50～60代の人、まとまった資金がある人

最後に、老後資金準備のラストスパートとなる「50～60代の方や、まとまった資金がある方の活用プラン」を考えてみましょう。新しいNISAでは、つみたて投資枠と成長投資枠を併用することで、最大で年間360万円まで投資でき、それを5年間継続すると合計1、800万円まで投資が可能です。

60歳で退職金を受け取った方、マイホームの売却や相続・贈与でまとまったお金が入った方、これまで特定口座で運用してきた方、そして、気づいたらいつの間にかけっこう貯まっていたという方などが利用するイメージです。

このプランでは最初の5年間でいっきに積立投資（キャッチアップ投資）をおこない、その後は保有を継続します。今回は、積立後15年間または25年間、保有する前提です。具体的には毎月6万円を5年間（積立元本合計は360万円）、世界株式インデックスファンドに積立投資します。

利回り5％なら、5年間の積立完了後15年間保有した合計20年後は約849万円、その後さらに10年間保有すると約1、383万円まで増えることになります。

短期間で積立を完了させ、その後は長く保有すれば複利効果が大きくなり、大きな利益が期待できるのです。

最初の5年間で毎月6万円を積立、その後は保有すると…

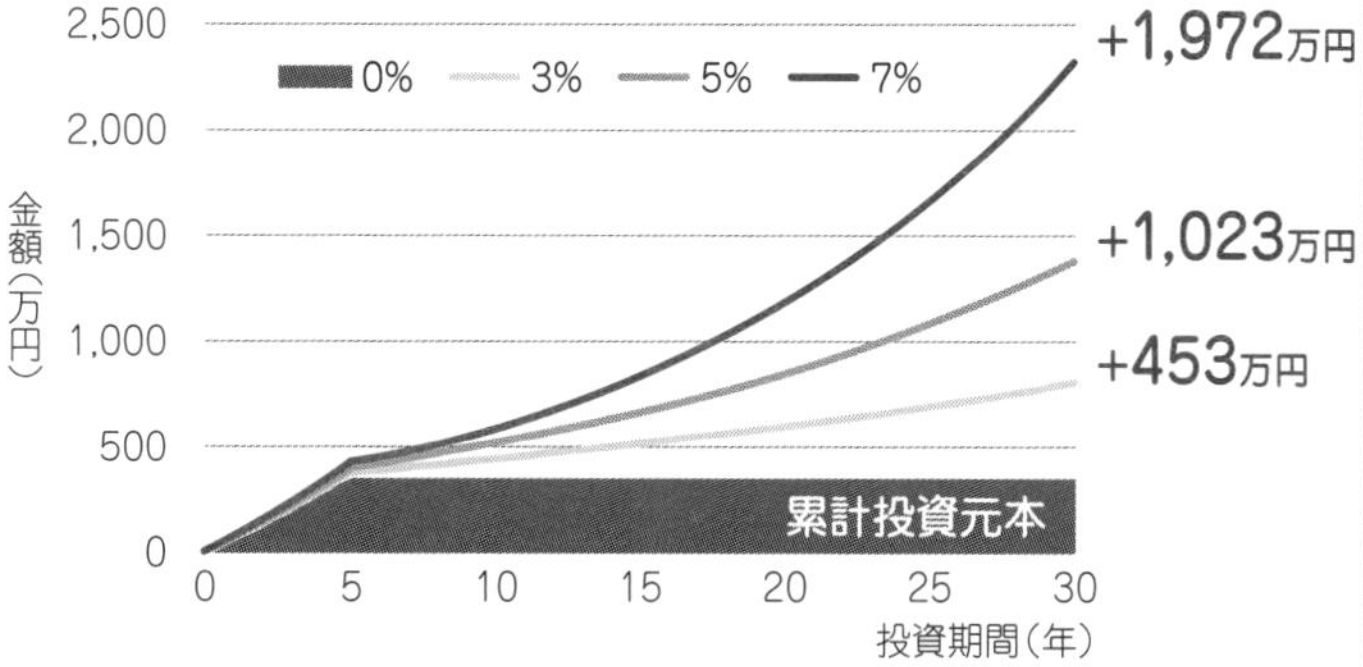

利回り	5年後の金額（評価額）	20年後の金額（評価額）	30年後の金額（評価額）	30年後の増額分（利益）
0%	360万円	360万円	360万円	0万円
3%	約388万円	約605万円	約813万円	+約453万円
5%	約409万円	約849万円	約1,383万円	+約1,023万円
7%	約430万円	約1,185万円	約2,332万円	+約1,972万円

*本試算での金額や利益は、利回りが確定しているものとして計算しています。
実際の値動きには価格変動リスクがあることにご留意ください。

◀ ONE POINT 知識 ▶

投資やお金の基礎を学べる無料コンテンツ

「投資やお金について勉強してみたいけど、どこから手をつければいいのかわからない」という方は、最初の一歩として、つぎのような資料・ガイドブックを手にとってみることをおすすめします。

▶金融庁

社会人になる方へ

「基礎から学べる金融ガイド」や、「高校生向け 金融経済教育指導教材」などが提供されています。

▶投資信託協会

ガイドブックプレゼント

「投資信託ガイド」などのガイドブックが PDF で閲覧でき、申し込むと冊子を無料で送付してもらえます。

▶日本証券業協会

[個人の方限定] 冊子プレゼント

「サクサクわかる!資産運用と証券投資スタートブック」「確定拠出年金入門」「個人投資家のための証券税制 Q&A」が閲覧でき、申し込むと冊子を無料で送付してもらえます。

▶日本FP協会

くらしとお金の基本を学ぶ 金融経済教育用小冊子一覧

ライフステージに合わせたお金と生活設計にまつわる各種冊子が PDF で閲覧できます。冊子版は基本的に有償です。

▶筆者のサイト

資産形成ハンドブック PDF版／冊子版

筆者のサイトでも、資産形成の参考にしていただけるコンテンツを PDF 版および小冊子版として無料提供しています。

④章

新しいNISAの利用はこの「金融機関」がいい！

新しいNISAの利用、どんな手続きをする？

新しいNISAを利用するには新しいNISA口座の開設が必要ですが、これは2023年時点で、すでに現行のNISA（つみたてNISA／一般NISA）を利用しているかどうかで、大きく異なります。

すでに現行のNISAを利用している人は、とくに手続きをする必要はなく、2023年にNISA口座を開設している金融機関に、自動的に2024年の新しいNISA口座が開設されます（左図の❶）。ただし、現在利用している金融機関とは別の金融機関で新しいNISAを利用したい場合は、2023年10月以降に一定の手続きをおこなう必要があります（❷）。

つぎに、特定口座は開設しているものの、NISA口座は未開設という人は、2023年中にNISA口座を開設すれば、2024年の新しいNISA口座は自動的に開設されます（❸）。

最後に、証券投資はまったく経験がなくどこにも口座をもっていないという方は、新しいNISAを利用したい金融機関を選択のうえ、口座開設手続きをします（❹）。この場合も、2023年中に現行のNISA口座を開設しておけば、2024年に自動的に開設されますし、2024年以降にはじめて開設する場合は、特定口座とともに新しいNISA口座を同時に開設できます。

新しいNISAは長く使いますので、取引金融機関を見直しておくのもよいでしょう。

「新しいNISA」を始める4パターン

	2023年		2024年
❶現行のNISA利用中	金融機関 A → 手続きは不要!	自動で開設	金融機関 A →
❷現行のNISA利用中だが、新しいNISAは別の金融機関	金融機関 A → 10月以降に手続き		金融機関 B →
❸特定口座はあるが、NISAは利用していない	金融機関 A → 2023年中にNISA口座開設の手続き	自動で開設	金融機関 A →
❹証券投資がまったくのはじめて	金融機関 A → **2023年中に特定口座、NISA口座開設の手続き**	自動で開設	金融機関 A →

＊日本証券業協会「2024年からNISA制度が変わります!」(リーフレット)を参考にして筆者作成。

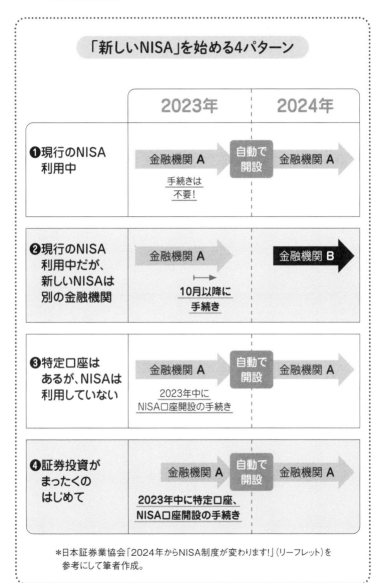

口座の開設からNISAで投資を開始するまで

これまで一度も証券投資をやったことがなく、はじめて口座を開設するという人が「実際に新しいNISAで投資を始めるまで」の流れを説明します。

まず、口座開設する金融機関を選びます（102、104ページ参照）。金融機関がきまったら、インターネット、電話、店頭などで口座開設申込書を請求します。必要事項を記入し、マイナンバーカード確認書類や本人確認書類を添付して返送、もしくは、インターネットの場合はスキャンした画像のアップロードなどをおこなって提出します（なお、通常の口座は、基本的に特定口座〈源泉徴収あり〉がおすすめです）。

金融機関での手続きや審査（さらにNISA口座については税務署での審査）が完了すれば口座が開設され、自宅に案内が送られてきます。

口座開設が完了したら、資金引き落とし用銀行口座などの設定をおこないます。積立投資をする場合は、銀行引き落としやクレジットカード払いが便利です。

ここまで終わると、いよいよ投資する商品を選択し、投資金額、投資方法、取引口座（特定口座か、NISA口座か）などを選択し、投資の手続きをします。

手続きで不明な点などは、コールセンターやチャット、店頭などでその都度、確認しましょう。

必要な手続きと手順

口座開設から、はじめての投資までの流れ

❶口座開設したい金融機関に、口座開設申込書の請求（オンラインの場合も）

⬇

❷申込書に必要事項を記入・署名・捺印のうえ、必要書類を添付して提出（オンラインの場合も）

⬇

❸審査をへて、口座開設完了

⬇

❹入金用の銀行口座やクレジットカードなどと連携

⬇

❺投資商品、新しいNISAでの枠を選択し、投資申込み

口座開設時に必要なもの

- マイナンバー（個人番号）確認書類
- 本人確認書類（運転免許証、各種健康保険証、各種年金手帳、パスポート等）
- 印鑑
- 金融機関口座（資金引き落とし用）

NISAでない、通常の口座は、
特定口座
（源泉徴収あり）
がおすすめです。

資産形成で利用する金融機関を選ぶポイント

これから資産形成を始める人が選ぶという観点から、3タイプの金融機関「ネット証券、総合証券、銀行」を比較してみましょう。

まず、PCやスマホでいつでも好きなときに取引したいか、窓口で相談しながら手続きや取引をしたいかで大きく分かれます。

さらに、新しいNISAを利用するなら、つみたて投資枠（つみたてNISA）の対象商品を多数取り扱っているか確認しましょう。今後、新しい商品が出たときに積極的に採用するスタンスか・そうでないかは、長期的に利用することを考えると重要です。

また、積立の頻度《ひんど》や最低積立金額、定期売却サービスなどが充実しているかどうかも要チェックです。

なお、資産形成では必ずしも必要ではありませんが、将来的に個別株式への投資もやってみたいという方は証券口座がよいでしょう。

いっぽう、不明な点やなにかトラブルが起きた場合など、対面や電話でのサポートを受けられると安心な面もあります。ただし、対面だと金融機関が売りたい商品をすすめられてしまうといったリスクも考えられます。そうした点は、十分に注意してください。

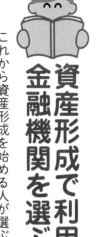

資産形成での利用を考えた金融機関の比較

	ネット証券	総合証券	銀行
特徴	PCやスマホでいつでも好きな時に取引可能	窓口で相談しながら、手続きや取引が可能	窓口で相談しながら、手続きや取引が可能
	手数料は低め	手数料は高め	上場株式等の取り扱いはない
つみたて投資枠(つみたてNISA)対象商品取扱数	多い	少ない	少ない
積立サービスなどのバリエーション	◎/△ 各社まちまち	△	△
上場株式やETFの取り扱い	○	○	×
対面でのサポート	× 〈コールセンター、チャット等はあり〉	○	○
向いている人	自分で判断でき、ネットでの操作で問題ない人	相談しながら、対面でサポートを受けたい人	相談しながら、対面でサポートを受けたい人 すでに口座をもっている金融機関で取引したい人
注意点	トラブル時には、コールセンターやチャットだけのサポートだと不便を感じることも。	金融機関の売りたい商品をおすすめされてしまうことも。	金融機関の売りたい商品をおすすめされてしまうことも。

大きく3タイプに分類していますが、必ずしもすべての金融機関が上記のいずれかに該当するというものでもありません。

新しいNISAでおすすめの金融機関はココとココ

資産形成で新しいNISAを利用する金融機関は、どのように選べばよいでしょうか。新しいNISAでは、一生使っていく可能性を考えると、つみたて投資枠の対象商品数と、定期売却サービスが重要だと筆者は考えています。

長期的な資産形成が目的なら、つみたて投資枠の対象商品である低コストのインデックスファンドの取り扱いが多いほうがいいでしょう。本書の執筆時点（2023年4月）で、新しいNISAでの実際の取り扱いはわかりませんが、その前身であるつみたてNISAの商品数で確認すると、対象商品227本のうち100本以上を取り扱っているのは6社に絞られます。

また、人生の後半では資産形成してきたお金を定期的に取り崩していくことを考慮すると、投資信託の定期売却サービスが便利です。

現時点でこれら2点を含め、総合的に考えて筆者のおすすめは、SBI証券と楽天証券のふたつです（左ページの下段＊を参照）。

この2社に限らず業界全体として、資産形成から資産活用（取り崩し）まで、人生のあらゆるステージで使いやすいサービスが広がっていくことを期待したいです。

定期売却サービスは便利

資産形成を中心に一生利用することを想定した

新しいNISAでおすすめの金融機関選び

❶ つみたて投資枠での取り扱い商品数が多い

つみたて投資枠の前身である「つみたてNISA」対象商品は227本あるが、100本以上の取り扱いがある金融機関は6つ。

（ウェルスアドバイザー「つみたてNISA総合ガイド」で筆者確認）

❷ 投資信託の定期売却サービスがある

人生後半では、定期的に売却して、取り崩しながら使っていくことを想定すると、一度設定すれば自動的に売却していける「定期売却サービス」が重要。

これらの2点をふくめ、総合的に考えたおすすめは……

SBI証券
楽天証券

（2023年4月時点）

＊海外転勤などの可能性が高い人は、総合証券や銀行のほうが、出国後も対応している傾向にあるので、事前に確認したうえで判断することをおすすめします。

＊現時点ではSBI証券の定期売却サービスはNISA口座に対応していません。NISA口座保有分を売却していく場合は、一度売却して特定口座で買い直してからの利用が考えられます。

新しいNISAで金融機関を変更するには？

実際に新しいNISAで取引を始めてみて、思っていたサービスとは異なる、取扱商品数が少なかったなどの理由で、途中から金融機関を変更したくなるかもしれません。その場合は、1年ごとに金融機関を変更できます。

新しいNISA口座を金融機関Aから、金融機関Bに変更したい場合を考えてみます。まず、ある年にすでに投資をおこなっていた場合は、左の図の❶です。この場合、その年は別の金融機関に変更できませんので、つぎの年から金融機関Bに変更します。変更後は、金融機関Aの新しいNISA口座にも残高が残りますが、つぎの年以降はその残高について売却のみ可能です（金融機関Aの新しいNISA口座で新規の投資はできません）。いっぽう、変更した金融機関Bの新しいNISA口座では、新規の投資および売却が可能になります。

つぎに、ある年に金融機関Aの新しいNISA口座で1円も投資をおこなっていない場合です（❷）。この場合は、翌年を待たずに金融機関Bに変更できますので、手続きが完了次第、その年から金融機関Bの新しいNISA口座で新規の投資が可能になります。

毎年のように変更するのは、管理が煩雑《はんざつ》になるためおすすめしませんが、必要な場合には変更できることを覚えておきましょう。

金融機関の変え方

	ある年	つぎの年
❶ある年に新しいNISA口座で投資をおこなっていた場合 **つぎの年から変更可能**	金融機関 A →	金融機関 A → 残高について売却は可能 金融機関 B → 新規投資および売却が可能
❷ある年に新しいNISA口座で1円も投資をおこなっていない場合 **ある年から変更可能**	金融機関 A →	金融機関 A → 残高について売却は可能 金融機関 B → 新規投資および売却が可能

新しいNISA口座は、1年ごとに
金融機関を変更することも可能です。

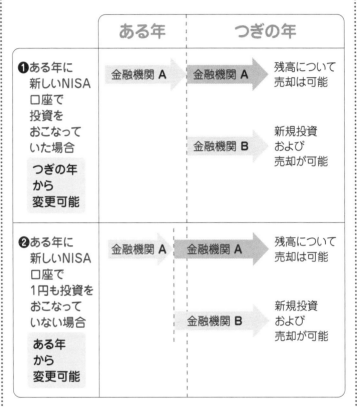

◀ONE POINT 知識▶

海外移住すると新しいNISAは使えなくなる?

新しいNISAの対象者は「日本に居住する18歳以上」ですから、海外に移住すると新しいNISA（および現行のNISA）は基本的に利用できなくなります。
ただし、勤め先の命令などにより出国する場合は、一定の手続きをすることで、５年を経過する日が属する年の12月末までは、NISA口座を維持できる場合があります。この取り扱いは金融機関によっても異なります。海外転勤の可能性がある方がNISA口座を利用される場合は、実際に口座を開設する金融機関に事前に確認しておくことをおすすめします。

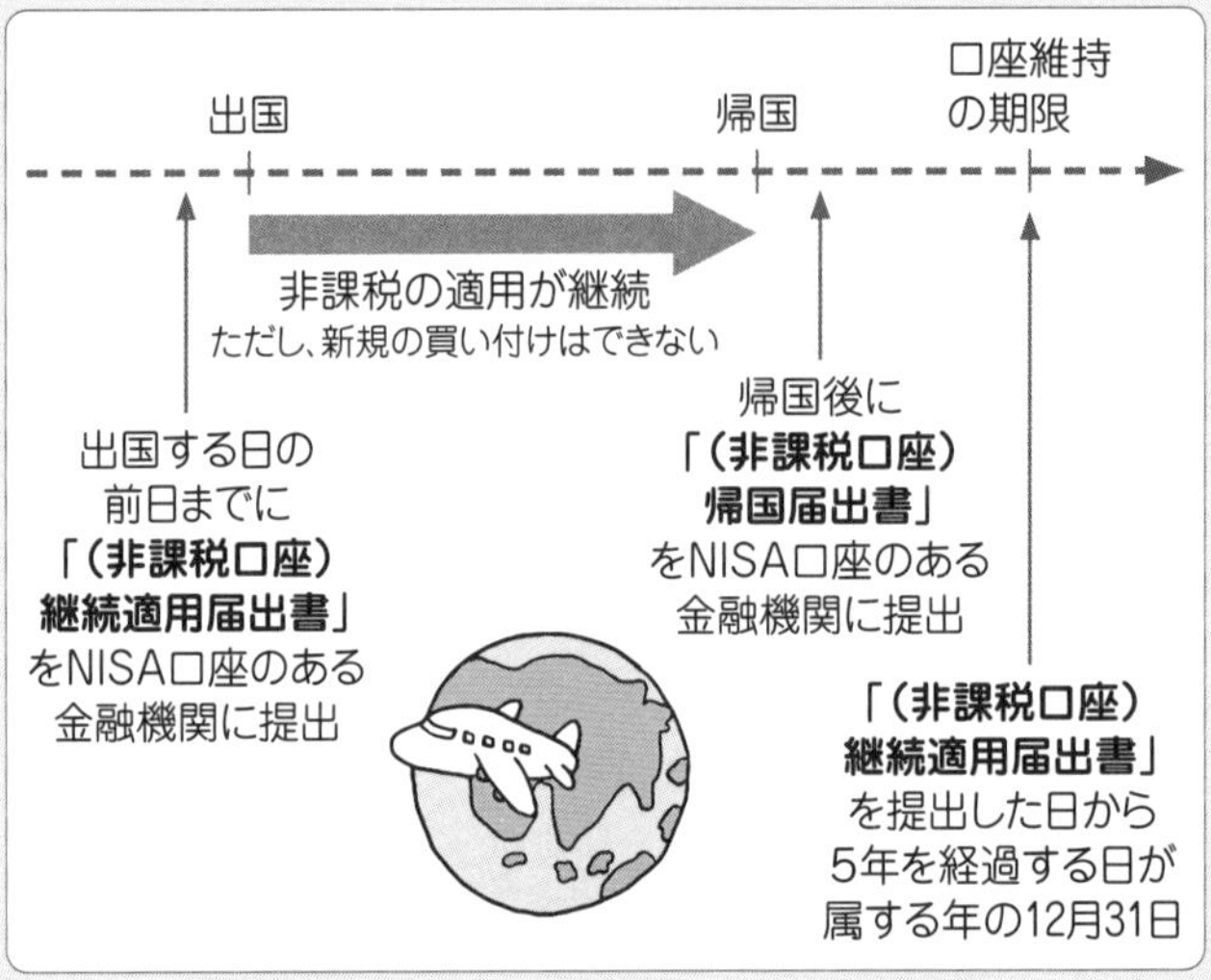

金融機関によって対応状況は異なるため、早めに確認しておくようにしましょう。

もし、金融機関が上記の対応をおこなっていなかった場合や、上記の期限までに帰国しなかった場合には、NISA口座の証券は特定口座もしくは一般口座に移管《いかん》され、非課税の適用が受けられなくなりますので、注意してください。

5章

新しいNISAとiDeCo、こう「使い分ける」のが正解！

そもそもiDeCoとはどんな優遇制度？

iDeCo（イデコ、個人型確定拠出年金）は、公的年金（国民年金・厚生年金）とは異なり、任意加入の私的年金制度のひとつです。掛金を拠出し、投資信託などの運用商品を自分で選択して運用、60歳以降に一時金もしくは年金として受け取ります。

大きな特徴として、つぎのような税制上の3つのメリットがあります。

①拠出した掛金は全額が所得控除（所得税および住民税の節税になる）

②運用益は非課税（運用期間中の利益に課税されません➡左ページのグラフ下の※を参照）

③受取時は退職所得控除もしくは公的年金等控除の対象（受取金額から一定金額を差し引いた金額にのみ課税）

さまざまな金融機関で取り扱っており、自分で利用したい金融機関を選んで申し込みます。金融機関ごとに運用商品や手数料、受取方法の選択肢などが異なりますので、加入する場合は各社の商品・サービス内容をしっかり確認して選ぶようにしましょう。

iDeCoの制度については国民年金基金連合会「iDeCo公式サイト」が、金融機関選びにはウェルスアドバイザー「個人型確定拠出年金ガイド」やNPO法人DC・iDeCo協会「iDeCoナビ」などが参考になります。

iDeCoの“おトク”は3つある

iDeCoは、①掛金拠出時(積立期間中)、②運用期間中(※)、③受取時の3つのタイミングで税制優遇があります。

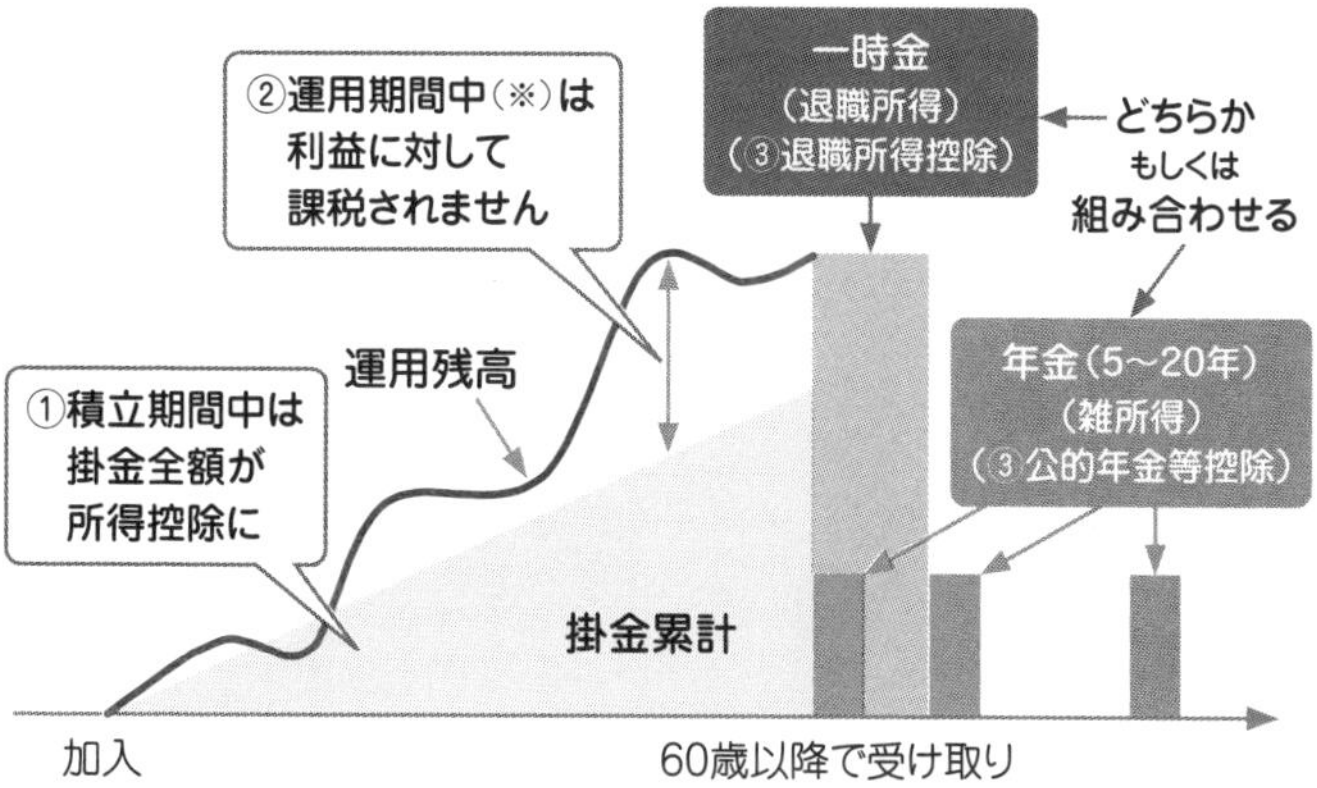

※正確には、特別法人税の対象ですが2026年3月末まで課税停止に。
1999年以降、課税停止措置の延長が繰り返されています。

【iDeCoについてのおすすめサイト】

iDeCoの制度・基本について知りたいなら

▶国民年金基金連合会
iDeCo公式サイト

iDeCoの金融機関を選ぶなら

▶ウェルスアドバイザー
個人型
確定拠出
年金ガイド

▶NPO法人DC・iDeco協会
iDeCoナビ
(個人型確定拠出
年金ナビ)

iDeCoなら100万円以上も税金がトクに?!

よくおトクな制度といわれるiDeCoですが、どのくらいトクなのでしょうか。30歳から30年間加入し、毎月1万円、合計360万円の掛金を拠出する前提で、具体的に計算してみましょう。ここでは所得税率10％、住民税率10％とします。

掛金を拠出するときは、全額が所得控除になりますので、1年あたり12万円が所得控除になります。つまり、所得税、住民税がそれぞれ1・2万円の節税となり、30年間つづくと節税額合計は72万円です。

掛金は投資信託などで運用しますが、運用利回りが2％なら利益は約133万円、5％なら約475万円となります。特定口座なら20％課税ですが、iDeCoなら課税されません。

受取時は一時金なら退職所得控除、年金なら公的年金等控除の対象となり、一定額までは非課税です。たとえば、利回り5％で総額835万円（元本360万円+運用益475万円）となっても、一時金なら完全に非課税です（退職所得控除額が1、500万円で、他に退職所得がない場合）。

ひとつ注意が必要なのは、iDeCoは国民年金基金や運営管理機関（金融機関）の手数料が発生することです。金融機関によって異なりますが、通常は上記のおトク額合計より、手数料合計のほうがはるかに小さくなるはずです。

iDeCoの“おトク額”のイメージ

★ 加入者の前提

- 30歳から60歳まで30年間加入し、掛金は毎月1万円、合計360万円拠出する場合
- 所得税率10%、住民税率10%

❶ 拠出時

- 1年あたりの掛金は、1万円×12か月＝12万円
- 12万円×（所得税率10%＋住民税率10%）＝2.4万円 **←節税額**
- 30年間の節税額合計は**72万円**

❷ 運用時（運用益は非課税。現在特別法人税は停止中）

- 利回り0%なら、運用による利益は0円
- 利回り2%なら、運用による利益は約132万円（特定口座と比べて約**26万円**おトク）
- 利回り5%なら、運用による利益は約459万円（特定口座と比べて約**92万円**おトク）

運用によっては利回りが
マイナスとなる可能性も。
ただし、30年などの長期なら、
マイナスになる可能性は低いです。
（154ページ参照）

❸ 受取時（金額によっては課税される可能性あり）

- 一時金なら退職所得控除額（この場合、1,500万円）まで非課税
- 年金なら公的年金等控除額（60〜64歳は70万円／年、65歳〜は110万円／年）まで非課税

★ ただし、手数料負担も必要

- 国民年金基金連合会に対して、加入時2,829円。また、掛金納付の都度105円で、毎月1回30年間掛金を納付した場合、合計37,800円に
- 運営管理機関（金融機関）に対して所定の手数料（ただし、最近は無料のところも多い）

新しいNISAは何にでも、iDeCoは老後資金が基本

新しいNISAとiDeCoは、どちらも税制上のメリットが大きい制度ですが、もっとも大きな違いは何でしょうか。どちらもお金を出して運用し、将来の時点で売却して使うという制度ですが、大きな違いはお金を使えるタイミングです。

新しいNISAは、投資を始めて以降、基本的にいつでも売却して使うことができます。マイホームの頭金として使う、子どもの教育費として数年にわたり少しずつ売却しながら使っていくなど、自由に使えます。

いっぽう、iDeCoは私的年金制度のひとつですから、基本的に老後資金です。どんなに早くても引き出せるのは60歳以降になります。人生の前半で掛金を拠出して投資・運用をおこない、人生の後半（60歳以降）に引き出して使っていくのです。

60歳まで引き出せないことはデメリットのように感じるかもしれませんが、老後資金としてはむしろメリットかも知れません。放っておくと目の前のお金をすべて使ってしまうという方は、iDeCoを利用して半ば強制的に老後資金づくりをするのがおすすめです。

新しいNISAとiDeCoは、このように資金の目的が異なりますので、じょうずに使い分けていくといいでしょう。

iDeCoは個人的な年金

お金を使うタイミングはいつか？

★新しいNISAは
いつでも

★iDeCoは
老後（60歳以降）

NISAはいつでも使えますが、iDeCo（確定拠出年金）は60歳以降にしか使えません。

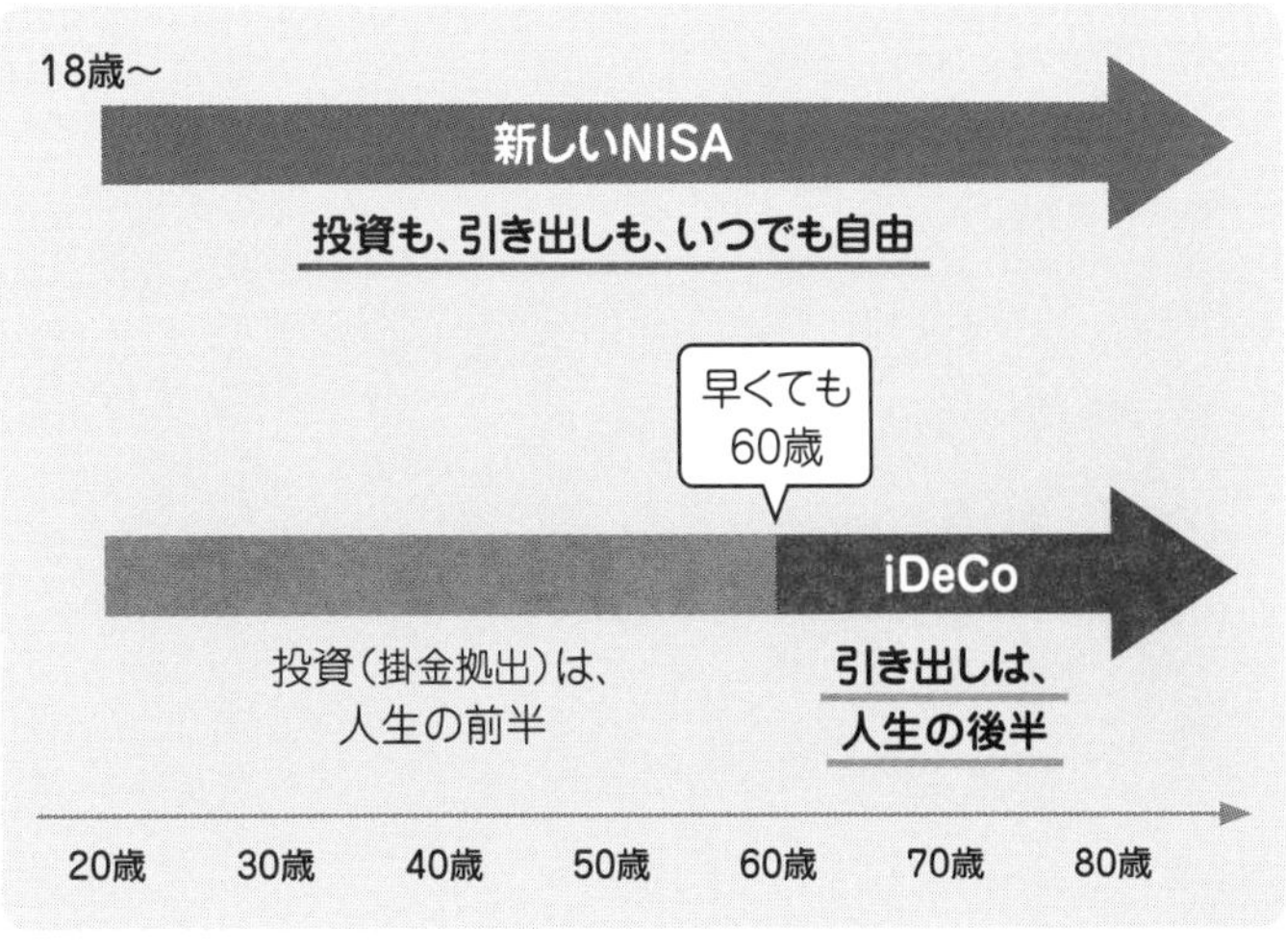

新しいNISAとiDeCo、手続きはどっちが簡単？

新しいNISAは口座開設して投資を始めたら、その後は自由に売却してお金を使うことができます。

いっぽう、これからiDeCoを始める人は、①iDeCoの口座開設と運用開始、②60歳以降で受け取りと、ふたつの段階で手続きが必要です。これだけなら新しいNISAとあまり変わらないと思うかもしれませんが、新しいNISAよりも一般的には手間と時間がかかります。

左ページの図は、iDeCoを始めるまでの流れです。会社員の方は、ご自身がiDeCoに加入できる状況にあるか、勤め先の企業年金についての確認が必要です。自営業、専業主婦（夫）の方は加入できます。そのうえで、金融機関に書類を請求して手続きするのですが、会社員の方は、勤め先による事業主証明書の記入が必要です（ただし、2024年12月以降は不要に）。国民年金基金連合会の審査を経て口座開設が完了すれば、掛金拠出、運用開始となります。

また、60歳以降で受け取る際は、一時金と年金のどちらで受け取るか、年金の場合はどのくらいの期間で、年何回払いにするかなどを決めていきます。

単純に手続きの面だけを比較すると、新しいNISAのほうが使い勝手はよいと考えていいでしょう。

iDeCoの始め方・受け取り方

❶ iDeCoを始めるまでの流れ

(1)【会社員の方】勤め先の企業年金の状況について確認し、iDeCoに加入できることを確認する。
(2) 金融機関（運用関連運営管理機関）に申込書類を請求。
(3) 申込書類（加入申出書、事業主証明書）に記入して、返送。
(4) 国民年金基金連合会による審査。
(5) 口座の開設が完了。
- 記録関連運営管理機関から「口座開設のお知らせ」が届く。
- 国民年金基金連合会から「加入資格確認結果通知」が届く。

(6) 掛金拠出、運用を開始。

会社員の方は、勤め先の担当部署に事業主証明書の記入を依頼する。

❷ iDeCoのお金を受け取る

以下のように、受け取り方を検討し、手続きすることになります。

★ 60歳以降、何歳から受け取るか。

★ 一時金と年金、もしくは組み合わせのどれで受け取るか。
年金の場合は、何年間にわたり、年何回払いで受け取るか。
(1) 60歳以降の働き方などライフプランを確認し、公的年金の受け取り方を検討する。
(2) 他の退職所得があるか。ある場合は、税負担はどのくらいになるか。
(3) 年金受け取りの場合は雑所得になるため、社会保険料や所得税・住民税の負担はどのくらいか。

受け取り方を決める際には、これらを考慮する必要があります。

新しいNISAとiDeCo、どちらを利用すべき？

新しいNISAとiDeCoでは、お金を使えるタイミングが異なり、手続き負担も異なりますが、どちらを選ぶべきでしょうか。

これを判断するには、まず老後資金がどのくらい準備できているか確認しましょう。最初に公的年金の見込額を、ねんきん定期便や年金事務所で確認しましょう。

さらに、会社員や公務員の方は退職金や企業年金があるか、あるならいくらか、具体的な数字を確認しましょう。ご自身の具体的な数字まではわからなくても、一般的なキャリアパスでのモデルケースなど、大まかな金額は確認できるはずです。

最後に、個人年金保険、小規模企業共済、国民年金基金などに加入している方は、何歳から何歳まで、いくら受け取れるか確認しましょう。

このように老後資金の準備状況を確認し、老後資金がまだ心もとないならiDeCoを優先、老後資金が十分なら新しいNISAを優先、が基本です。

なお、新しいNISAはすべて非課税というシンプルな税制ですが、iDeCoでは所得控除、退職所得控除、公的年金等控除などの形になりますので、始める際には基本的なポイントについてはしっかり理解しておきましょう。

老後資金の準備がポイント

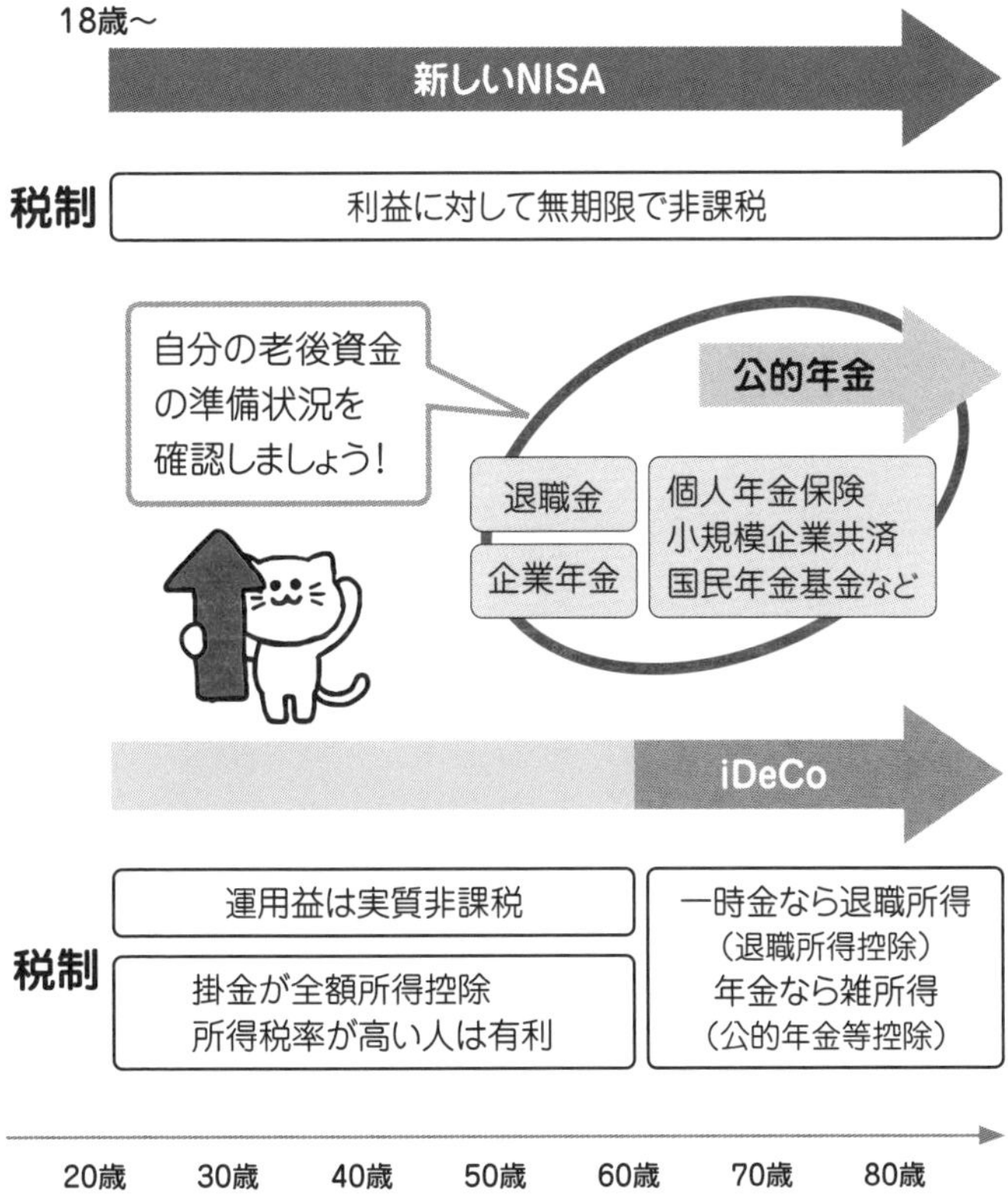

老後資金として、公的年金、退職金、企業年金、個人年金保険などで、どのくらい準備しているか確認すると、新しいNISAとiDeCoの優先順位が見えてきます。

新しいNISAを優先すべき人、iDeCoを優先すべき人

新しいNISAとiDeCoは別々の制度ですから、どちらを選ぶべきというのは、その人の状況によって異なりますが、可能なら基本的には両制度を併用するのがおすすめです。

とはいうものの、それぞれを選ぶポイントはありますので、左の表のような形で整理してみましょう。

新しいNISAを優先すべき人は、すでに老後資金が充実している人、自由に引き出し可能な新しいNISAであってもご自身でしっかり管理できる人（すぐ引き出して使ってしまったりしない人）、現役時代の所得税率が低い人、できるだけ面倒な手続きを避けシンプルに口座管理をしたい人です。

いっぽう、iDeCoを優先すべき人は、老後資金の準備が少なめな人、手元にあるとすぐに使ってしまってお金を長期的に貯められない人、現役時代の所得税率が高い人（所得控除のメリットが大きい人）、iDeCoの税制や仕組みが理解でき、手続きがちょっと面倒でも厭《いと》わない人などです。

現役時代の所得税率が高い人は、iDeCoのメリットが大きくなりますので活用するのがおすすめですが、そうでない人は新しいNISAのみという選択肢も十分ありでしょう。

二者択一ではなく、併用がおすすめ

優先順位をつけるなら、つぎのようなポイントで検討する。

新しいNISAを優先すべき人は…

★ 老後資金（公的年金、退職給付など）が充実している人

★ お金の管理を適切におこなえる人

★ 現役時代の所得税率が低い人

★ できるだけシンプルに口座管理をしたい人

iDeCoを優先すべき人は…

★ 老後資金（公的年金、退職給付など）が少なめな人

★ 老後にむけてお金を貯められない人

★ 現役時代の所得税率が高い人

★ iDeCoの税制や仕組みが理解でき、手続きを面倒がらない人

- iDeCoの仕組みや手続きが複雑だと感じる人は、新しいNISAのみという選択肢も。
- ただし、老後にむけてお金をしっかり管理しましょう。

◀ONE POINT 知識▶

iDeCoの「拠出限度額」とは

新しいNISAでは、年間で最大360万円（つみたて投資枠＋成長投資枠）、累計では1,800万円まで投資可能ですが、「iDeCo」では、いくらできるのでしょうか。iDeCoの拠出限度額は加入資格によって、つぎのように定められています。

加入資格		拠出限度額
自営業者等（第1号被保険者・任意加入被保険者）		月額6.8万円（国民年金基金または国民年金の付加保険料との合算枠）
会社員・公務員等（第2号被保険者）	会社に企業年金がない会社員	月額2.3万円
	企業型DCのみに加入している会社員	月額2.0万円※1
	DBと企業型DCに加入している会社員	月額1.2万円※1
	DBのみに加入している会社員	月額1.2万円
	公務員	
専業主婦（夫）（第3号被保険者）		月額2.3万円

＊iDeCo公式サイトより筆者作成

＊企業型DCは企業型確定拠出年金のこと。DBは、確定給付企業年金（DB）、厚生年金基金、石炭鉱業年金基金、私立学校教職員共済をいう。

＊1 事業主掛金額によって調整あり（詳細は割愛）。

iDeCoでは累計での限度額はなく、年間（もしくは月額）の限度額が定められているのみです。たとえば、上の表で「会社に企業年金がない会社員」の場合で確認してみましょう。25歳から60歳まで毎年最大の月額2.3万円を拠出した場合、年間では27.6万円、35年間では966万円となります。また、45歳から60歳までだと同様に、414万円となります。

このようにiDeCoは加入期間の長さによって累計での上限が決まってきますので、これから加入を検討する場合、年齢によっては新しいNISAのみも十分アリだと思います。

6章

新しいNISAで資産づくり、これが「投資の王道」です！

株式への投資、成功する秘訣はなに？

「株式への投資」というと、安く買って高く売るのは難しい、ギャンブルなんてとんでもないなど、いろいろな声が聞こえてきそうです。

しかし、本書でおすすめする「株式への投資」は、もう少し正確にいうと「投資信託を利用した株式への投資」です。個別企業の経営状況を分析したり、株価の動向をチェックしながら今が買いどき、今が売りどきなどと判断する必要は一切ありません。

ご自身のライフプランやファイナンシャルプランを前提に、長期的に資産形成するうえで必要な「株式への投資」で成功するためには、株式投資がなぜ儲かるのか、そのためにはどのような投資方法があるのか、しっかり理解しておく必要があります。

それが理解できていれば、日々の株価変動で一喜一憂したり、売買タイミングなどで悩んだりしなくなるのです。

株式会社はお客様に商品やサービスを提供し、その対価として売上となるお金を受け取ります。社員に給与を払い、必要経費を払い、その結果残るのが利益です。

株主になると、その利益を受け取る権利が発生する、それが株式投資について最初に理解していただきたいポイントです。

株を直接買う投資はリスキー

一般的な株式投資（株式への直接投資）

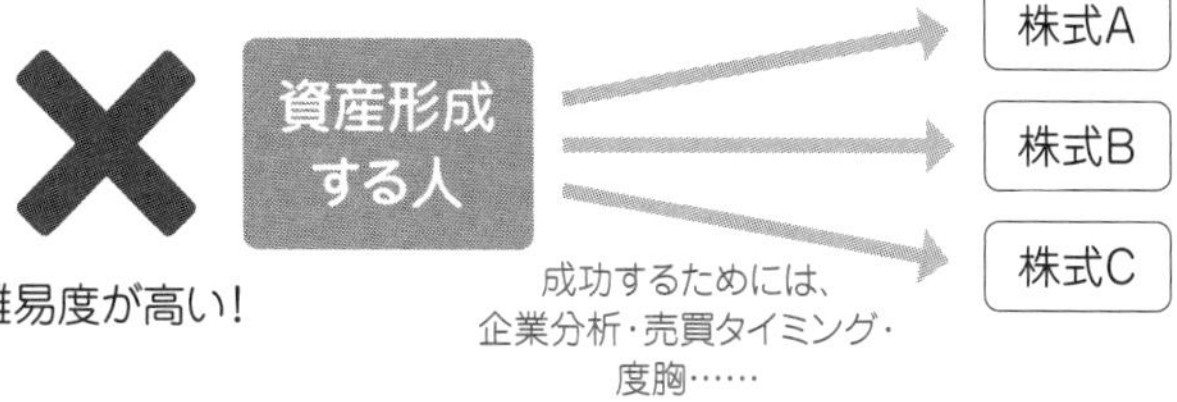

資産形成に必要な"投資信託を利用した"株式への投資

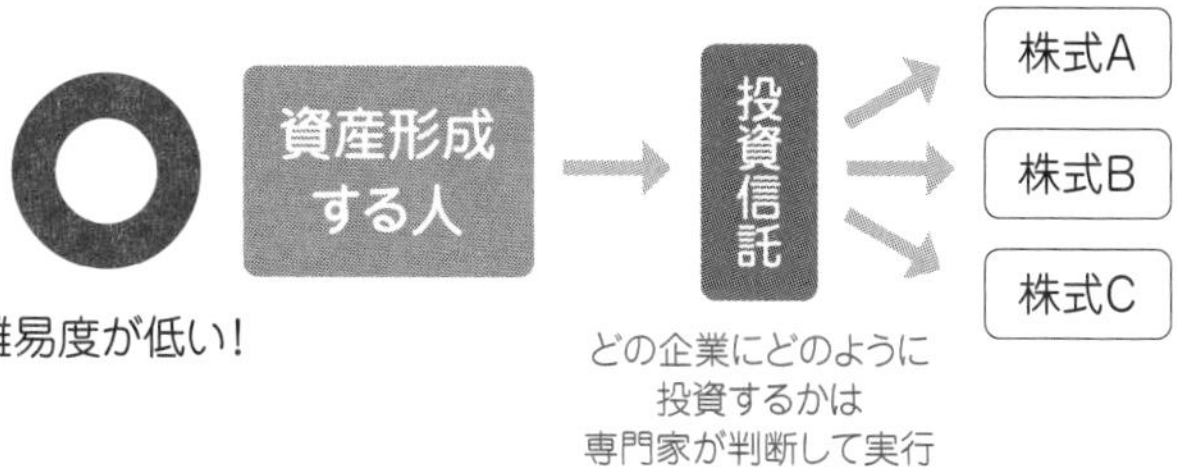

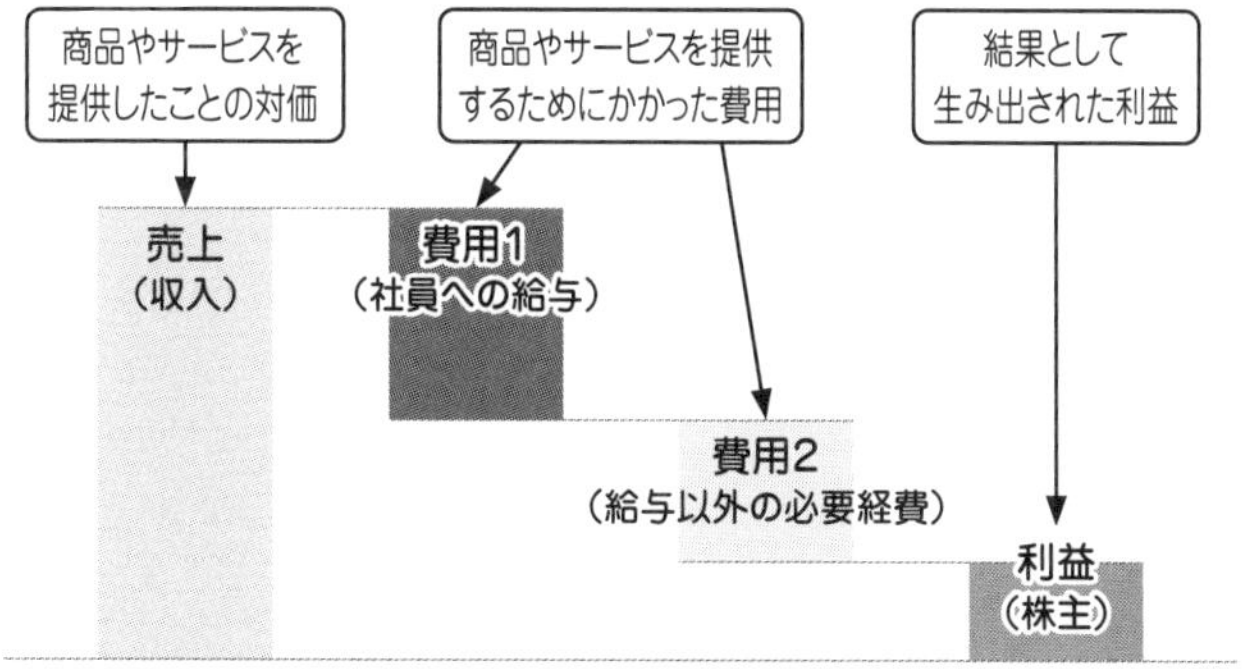

株式会社は商品やサービスを提供し、売上としてお金を受け取ります。そのために必要な社員への給与、必要経費を引いた残りが、株主に残る利益です。

株式会社が儲ける仕組みと、国内総生産【GDP】とは

株式会社が儲かる仕組み、つまり、どのように利益を生み出しているのか、パンづくりの例で説明します。ここで登場するのは、小麦農家、製粉業者、パン工場、エネルギー（石油）です。

小麦農家は、小麦を栽培し、製粉業者に小麦を15円で売ります。途中、水道光熱費などのエネルギー費用が5円だとすると、小麦農家が生み出した付加価値、つまり儲けは10円（15円－5円）です。

つぎに、製粉業者は小麦農家から小麦を15円で仕入れ、小麦を小麦粉にしてパン工場に40円で納品します。エネルギーが10円だとすると、製粉業者の儲けは15円です。

最後に、小麦粉を40円で仕入れたパン工場は、エネルギー15円を負担してパンを作ります。パンが80円で売れるとパン工場の生み出した付加価値、儲けは25円となります。

ここで生み出された付加価値合計をＧＤＰ（国内総生産）といいます。簡単ですが、一般的に株式会社は、このような形で儲けています。ここではパンづくりを例にしましたが、国内のあらゆる業界（自動車メーカー、情報サービス、食料品など）について合計したものがその国全体のＧＤＰとなります。

GDP=国内総生産とは？

- この経済に登場するのは、小麦農家、製粉業者、パン工場、石油。
- 小麦農家は小麦を生産、製粉業者は小麦を仕入れて小麦粉に、パン工場は小麦粉を仕入れてパンに。それぞれが労働して、付加価値を生み出す。
- この経済圏で生み出される付加価値の合計は50で、これが国内総生産(GDP)。

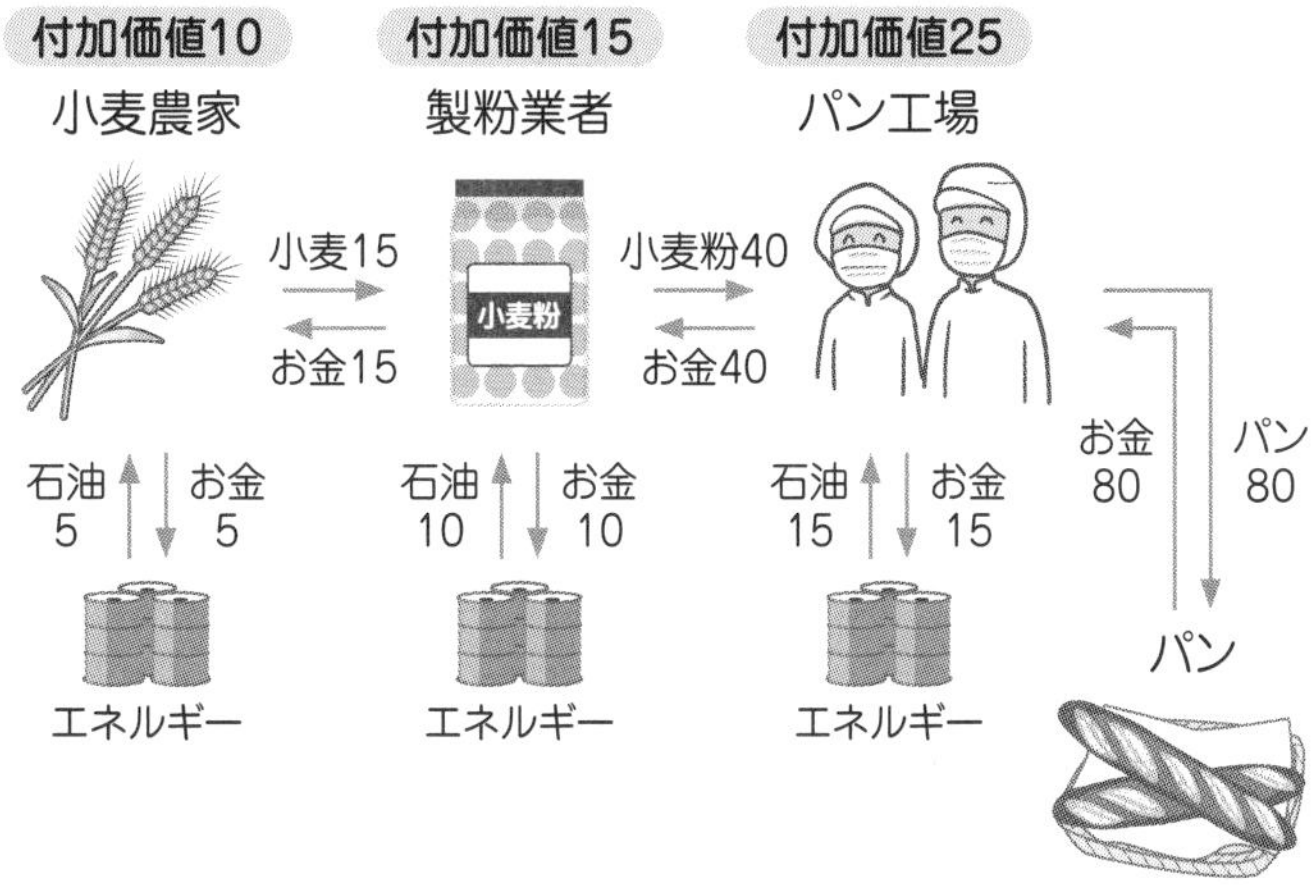

生産主体	生産総額	中間投入	石油	付加価値
小麦農家	15	0	5	10
製粉業者	40	15	10	15
パン工場	80	40	15	25
合計	135	55	30	50

★生み出された付加価値の合計=国内総生産（GDP）

GDPは家計（個人）・企業（株主）・国に分配される

パンづくりの国内総生産（GDP）50円は、利益（所得）のようなものです。前項の例で、小麦農家は個人事業主、製粉業者とパン工場は株式会社としてビジネス（商売）をおこなっていたと仮定してみましょう。

個人事業主である小麦農家は、生み出した付加価値10円をすべて自分で自由に使えます。株式会社である製粉業者は、社員（個人）を雇い、給与を支払っています。儲け15円のうち給与10円を社員に払うと、会社に残る儲けは5円です。

最後に、株式会社であるパン工場も儲け25円のうち、社員（個人）に給与15円を払うと、会社に残る儲けは10円です。

このようなビジネスで得た利益（所得）に対して、通常、個人には所得税、法人（会社）には法人税が課されます。いずれも税率20％だとすると、個人（家計）の所得、法人（会社）の利益からそれぞれ7円、3円が国（政府）に納税されます。

つまり、GDPは結果的に家計（個人）、企業（株主）、国の3者に分配されるのです。実際、日本の国内総生産（GDP）の配分割合は6（個人）：2（株主）：1（国）くらいになっています。株主になれば、このような配分を受けられるのです。

株主はGDPの一部を得る

★ 生みだされた付加価値（国内総生産）は、従業員賃金（家計／個人）と企業の儲け（株主／投資家）となる。

★ さらに政府は、家計（個人）や企業から所得税や法人税を徴税するので、最終的に家計（個人）、企業（株主）、政府の3者に分配されることになる。

生産主体	付加価値	（従業員賃金）	（企業の儲け）
小麦農家（個人事業主）	10	10	0
製粉業者（株式会社）	15	10	5
パン工場（株式会社）	25	15	10
合計	50	35	15
政府（税金）→		7	3
税引き後手取り		28	12

税率は20%と仮定

↑国内総生産（GDP）　↑家計（個人）　↑企業（株主）

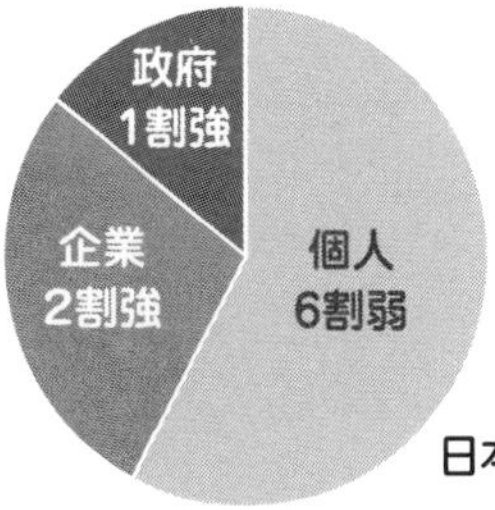

日本の国内総生産（GDP）

お金を得る方法には、
(1)自分の時間を使って収入を得る方法（個人、勤労所得）
(2)自分のお金に働いてもらって収入を得る方法（企業の株主、財産所得）
の2つがある。

いい株を探すのではなく「すべてを買う」という発想で

みなさんが勤める会社に限らず、世界中のあらゆる企業が日々、商品やサービスを提供し、売上を立て、従業員に給与を払い、利益を生み出そうとしています。世界にあまたある企業の中から、どの企業の株式に投資すればよいのでしょうか。

つぎのグラフは、１９６０年から２０２０年までの世界のＧＤＰ合計の推移です。１９６０年時点で１・４兆ドルだった世界ＧＤＰは、２０２０年に84・7兆ドルまで成長しました。

世界中の企業から、成長性の高い企業を見つけようと考えると大変ですが、世界中の企業に幅広く、つまりすべてに投資しておけば、このような世界経済全体の成長の恩恵を受けられるのです。どの企業がもっとも利益を出すか事前にはわかりませんが、ＧＤＰのうち一定割合は株主に分配されますから、世界中の企業の株主になっておけば、みなさんに一定の利益をもたらしてくれるはずです。

のちほど説明する世界株式を対象としたインデックスファンドを利用すると、たった１本の投資信託で世界の47か国、約２、９００社の株式に投資できます。リスクを考えると、多数の会社に分散投資することが大切ですが、これだけ分散できれば十分ではないでしょうか。

世界の2,888銘柄に投資を！

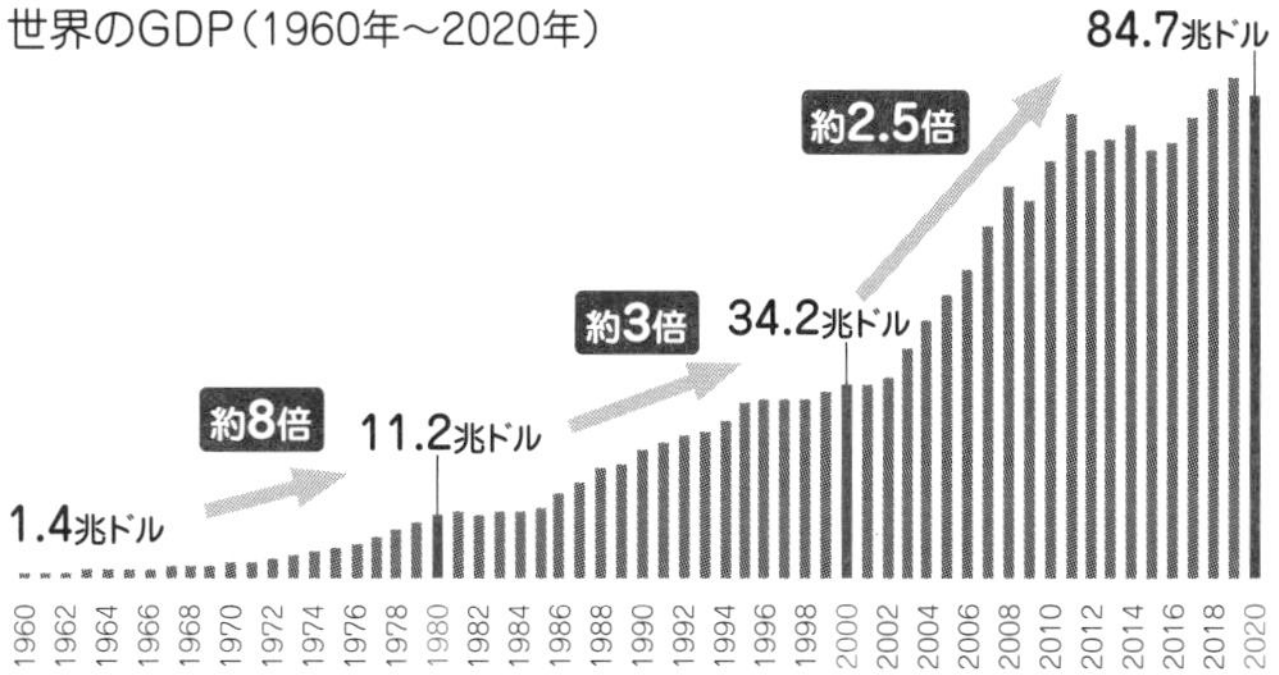

*The World Bank GDP(current US$)より

理想はすべての企業だが、現実的には、日本、先進国、新興国の主要上場企業約2,888銘柄に投資。これだけの企業に投資できれば十分でしょう。

グローバル株式にパッシブに投資しましょう！

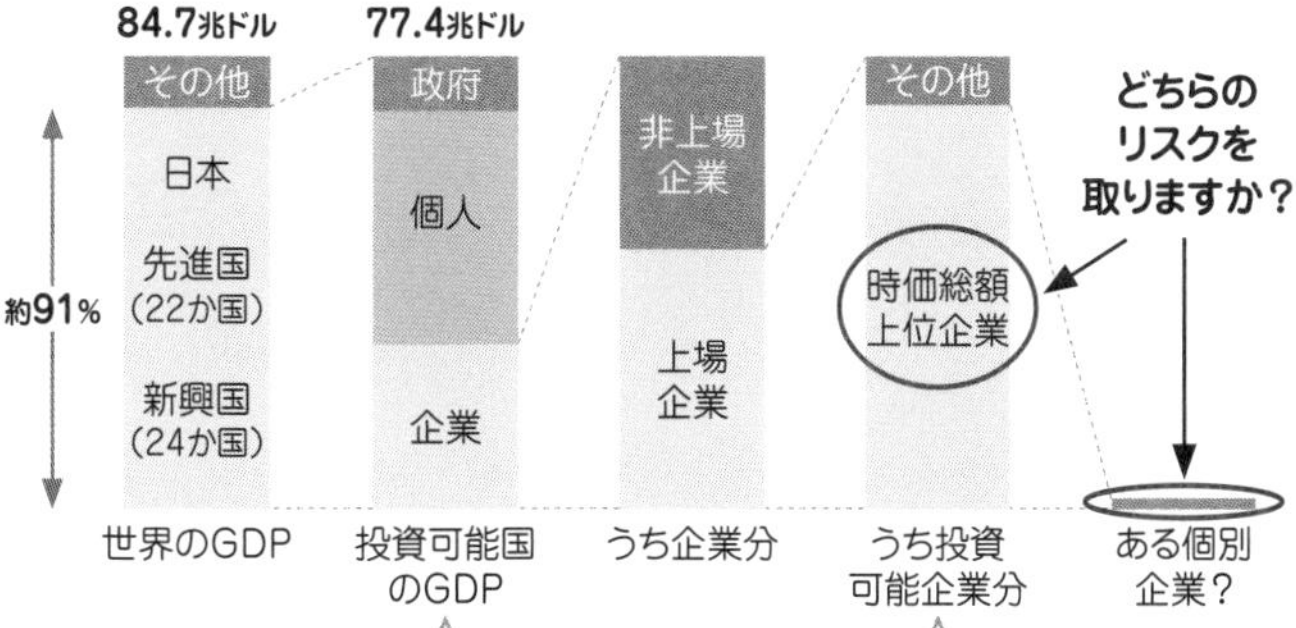

日本	5.1兆ドル	(6.5%)
先進国	42.4兆ドル	(54.8%)
新興国	30.0兆ドル	(38.7%)

MSCIジャパン（日本）	237銘柄
MSCIコクサイ（先進国）	1,272銘柄
MSCIエマージング（新興国）	1,379銘柄
（2023/3）	合計 2,888銘柄

*The World Bank GDP(current US$), MSCI Inc.より

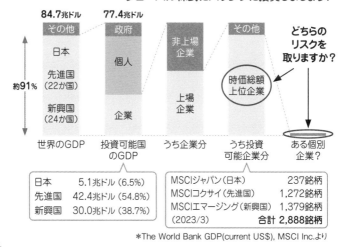

「MSCI ACWI」は代表的な世界株式インデックス

世界の幅広い企業に投資するのに便利な商品がインデックスファンドです。インデックスは指数ともよばれますが、代表的な株式インデックスのひとつである日経平均株価のように、一定の対象銘柄の株価平均などを計算し、市場全体の動きを見るために使われています。

世界株式を対象としたインデックスで代表的なものにMSCI ACWI（エムエスシーアイ オール・カントリー・ワールド・インデックス もしくはアクイ）があります。米国のMSCI社が算出しているインデックスで、世界の47か国（先進国23か国、新興国24か国）の約2，900社を対象として計算されています。

このインデックスに連動するように運用されるインデックスファンドに投資しておけば、たった1本の投資信託で、世界の約2，900社の株式に投資できるのです。このMSCI ACWI算出開始（1987年12月）以降のインデックスに投資した場合の利回りは、2009年2月（リーマンショック）までなら約4・15%、2020年3月（コロナショック）までなら約6・77%、2023年3月までなら約8・15%となっています。

途中、上がったり下がったりを繰り返していますが、長期的には右肩上がりで上昇してきたことが確認できます。

長期的には右肩上がりで上昇

世界株式インデックス（MSCI ACWI）約35年間の推移

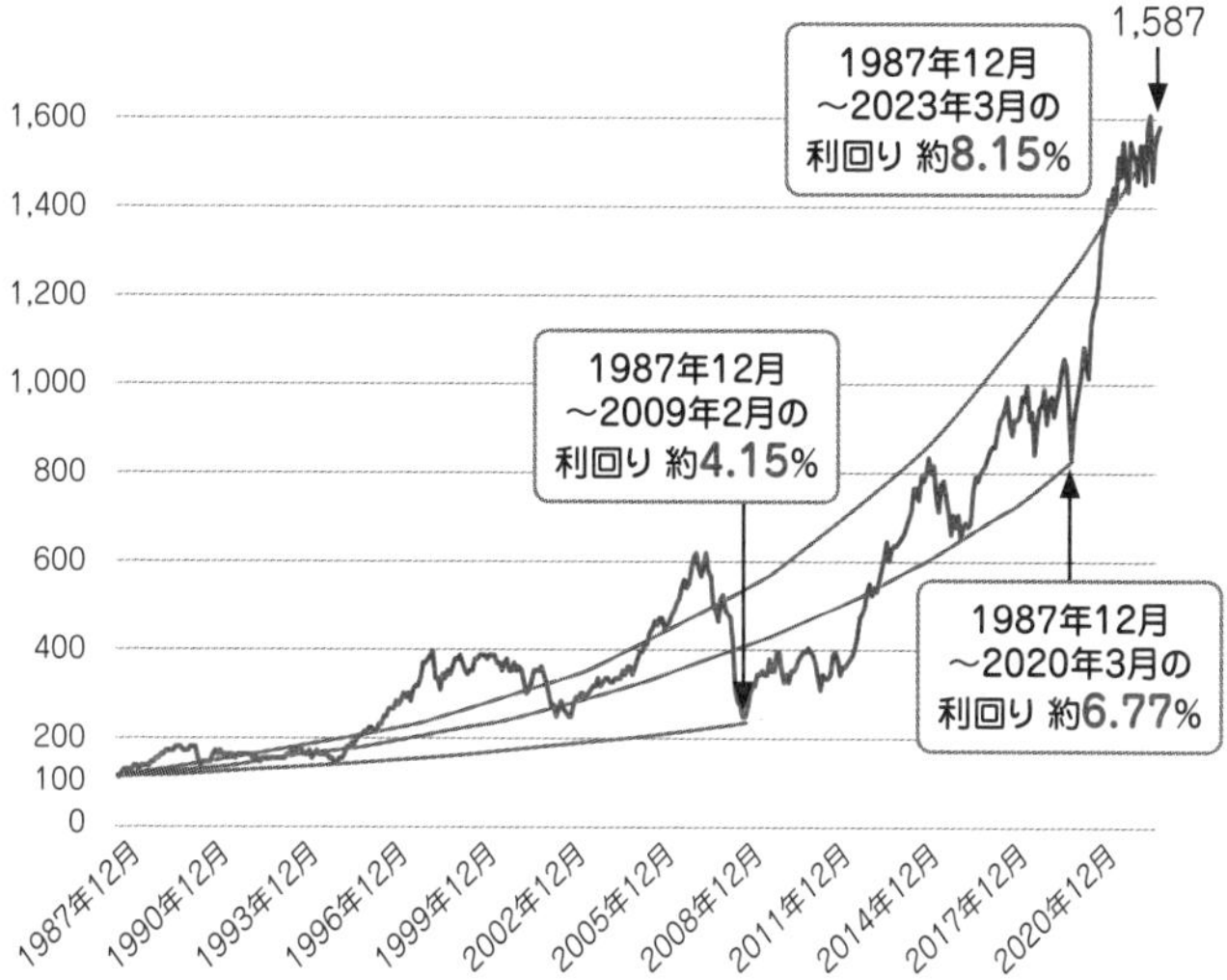

＊MSCI Inc. ACWI Gross JPY（1987年12月〜2023年3月）を対象に分析。
信託報酬などのコストは考慮せず

★ 長期的には株価は上がったり、下がったりを繰り返しつつも、株式会社が商品やサービスを提供し、価値を生み出し続けてきたため、右肩上がりとなりました。

★ 利回りは、投資の期間によってもいろいろです。過去の実績は計算できますが、将来の利回りは事前にはわかりません。

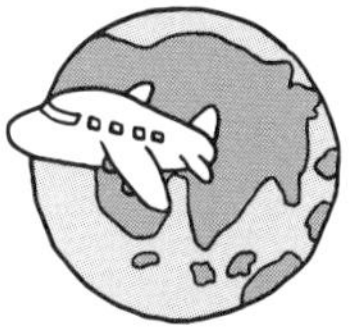

「MSCI ACWI」の構成銘柄上位10社は有名企業ばかり

MSCI ACWIは世界の企業約2,900社（構成銘柄といいます）が含まれていますが、すべての企業が同じ割合で含まれているわけではありません。企業の大きさ（時価総額）に比例する形で含まれています。

構成銘柄の上位10社（時価総額トップ10）は左ページの表のとおりです。1位がiPhoneで有名なアップル、2位がWindowsやOfficeのマイクロソフト、3位がインターネット通販のアマゾンです。5位と6位はGoogleの親会社アルファベット、7位はEV（電気自動車）のテスラ、8位がFacebookやInstagramを展開しているメタプラットフォームズ（旧フェイスブック）です。

各比率を見ると、アップル4・37%、マイクロソフト3・40%…となっています。みなさんがMSCI ACWIに連動するインデックスファンドに1万円分投資すると、アップルの株式を437円分、マイクロソフト社の株式を340円…といった具合で投資することになるのです。

このように、世界株式インデックスファンドを購入すれば、誰でも手軽に世界の超有名企業の株主になれるのです。世界株式インデックスファンドというとイメージがわきづらくても、具体的な構成銘柄を知ると、グッと身近に感じられるのではないでしょうか。

アップルやマイクロソフトに投資できる

MSCI ACWI（オール・カントリー・ワールド・インデックス）の
構成銘柄上位10社

	銘柄	国	業種	比率
1	アップル	アメリカ	情報技術	4.37%
2	マイクロソフト	アメリカ	情報技術	3.40%
3	アマゾン	アメリカ	一般消費財・サービス	1.58%
4	エヌビディア	アメリカ	情報技術	1.14%
5	アルファベット A	アメリカ	コミュニケーション・サービス	1.03%
6	アルファベット C	アメリカ	コミュニケーション・サービス	0.95%
7	テスラ	アメリカ	一般消費財・サービス	0.93%
8	メタ プラットフォームズ A	アメリカ	コミュニケーション・サービス	0.79%
9	エクソン・モービル	アメリカ	エネルギー	0.75%
10	ユナイテッド・ヘルスグループ	アメリカ	ヘルスケア	0.74%
	10社 合計			15.69%

＊MSCI Inc. ACWI Gross JPY（2023年3月）より、筆者作成

現在、上位10社はすべてアメリカ企業です。

みなさんもよく知っている企業が多いのではないでしょうか。

ちなみに、アルファベットはグーグルの親会社、メタプラットフォームズは旧フェイスブックです。

時価総額とは／企業の大きさを示すもので、「株価×発行されている株式の数」で計算されます。たとえば、株価が1,000円、株数が1億株なら、時価総額は1,000億円となります。

投資信託におけるインデックスファンドとアクティブファンドとは

資産形成で重要な投資信託は、一般的にインデックスファンドとアクティブファンドの2種類に分けられます。

インデックスファンドは、日経平均株価のような特定の指標（インデックス）をベンチマークと定め、それに連動するように運用される投資信託です。運用ルールが決まっているため、運用コストは低めです。

また、どのインデックスをベンチマークとするかにもよりますが、手軽に幅広い銘柄に投資できます。ベンチマークに使われる代表的なインデックスの例を左の表に掲載しています。

いっぽう、アクティブファンドは、特定の指標（インデックス）をベンチマークと定め、それを上回るリターンを目指して運用される投資信託です。投資対象の分析などをおこなうリサーチ部隊を抱えたりする必要があるため、運用コストは高めになります。

インデックスを上回ることを目指すものの、必ずしも上回るわけではなく、また、長期的に上回りつづけるアクティブファンドは、とても少ないというのが現状です。

資産形成が目的なら、世界株式を対象としたインデックスファンドを中心に利用していくのがおすすめです。

資産形成ならインデックスファンド！

インデックスファンド

日経平均株価やNYダウなどのような特定の指標（インデックス）をベンチマークと定め、それに連動するように運用されるファンド。

- 手軽に分散投資が可能
- 運用コストが低い

代表的なインデックスの例

アセットクラス	インデックス
世界株式	MSCI ACWI（オール・カントリー・ワールド・インデックス）
日本株式	日経平均株価、TOPIX（東証株価指数）
外国株式	MSCI コクサイ、MSCI エマージング・マーケット・インデックス、NYダウ、S&P 500
日本債券	NOMURA-BPI 総合
外国債券	FTSE世界国債インデックス（除く日本）

インデックスファンドは特定の指標に連動することを目指すファンド。

アクティブファンドは特定の指標を上回るパフォーマンスを実現することを目指すファンド（投資信託）です。

アクティブファンド

特定の指標（インデックス）をベンチマークと定め、それを上回るリターンを実現することを目指すファンドや、独自の運用方針を定めて運用するファンド。

- リターンはインデックスを上回ることがある
- 運用コストは高め

ベンチマークとは／投資信託などが運用の指標としている基準のこと。一般的には、各市場のインデックス（指数、指標）が使われます。
例えば、日本株式の投資信託なら日経平均株価やTOPIXが、世界株式の投資信託ならMSCI ACWIなどです。

資産形成なら世界を対象にするインデックスファンド1本でOK

世界の株式といっても、どの地域のどの国が含まれているのでしょうか。ここでは世界株式インデックス「MSCI ACWI」を例に説明します。

対象となる国は大きく分けて、先進国23か国と新興国24か国です。それぞれアメリカ、欧州&中東、太平洋/アジアという3つの地域にわかれ、左ページの表にある国が対象です。

各国の取引所に上場されている株式のうち、時価総額の大きなほうから約85%が含まれています。つまり、上場企業のうち小さな企業15%は対象外です。

日本の企業は世界全体の5・5%で、日本を除く先進国22か国が83・6%、そのうち米国だけで60・6%です。また、中国、インド、ブラジルなどの新興国24か国は合計で10・9%となっています（2023年3月末時点）。

世界株式インデックスファンドと米国株式インデックスファンドではどちらがいいか？という議論があります。これを確認すると、世界全体のうち約6割が米国です。米国のみに投資するか、その他46か国の残り約4割もいっしょに投資するか、という違いになるのです。

筆者はリスク分散の観点から、米国への集中投資よりも世界全体に投資するほうが、資産形成では適切だと考えています。

米国のみで約6割の世界時価総額

MSCI ACWI オール・カントリー・ワールド・インデックス 先進国+新興国（47か国）

		地域	構成国
MSCI ワールド インデックス 先進国（23か国）	MSCI ジャパン	太平洋	日本
	MSCI コクサイ 先進国（22か国）	アメリカ	米国、カナダ
		欧州&中東	オーストリア、ベルギー、デンマーク、フィンランド、フランス、ドイツ、アイルランド、イスラエル、イタリア、オランダ、ノルウェー、ポルトガル、スペイン、スウェーデン、スイス、英国
		太平洋	オーストラリア、香港、ニュージーランド、シンガポール
		地域	構成国
MSCI エマージングマーケット インデックス 新興国（24か国）		アメリカ	ブラジル、チリ、コロンビア、メキシコ、ペルー
		欧州&中東	チェコ、エジプト、ハンガリー、クウェート、ポーランド、サウジアラビア、南アフリカ、トルコ、ギリシャ、カタール、UAE
		アジア	中国、インド、インドネシア、韓国、マレーシア、フィリピン、台湾、タイ

*MSCI Inc.より

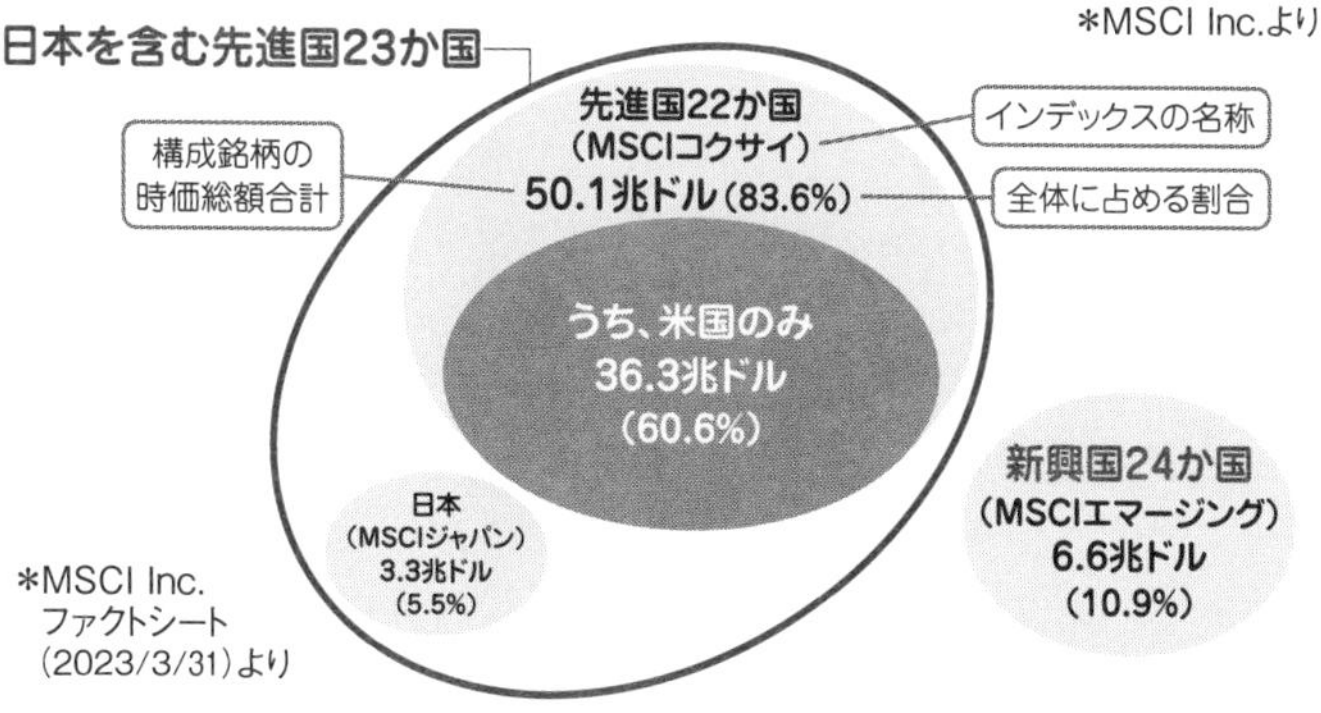

世界株式のうち、約9割が日本を含む先進国。米国1か国だけで約6割

上場とは／企業が発行している株式を証券取引所で売買できるようにすること。投資信託で投資する株式は、基本的に上場されていて、いつでも売買できる株式が対象となります。

日本や海外の株式・債券は、どのくらいの利回り？

資産形成なら世界株式だけでいいとはいっても、長期的にどのくらいのリターン（利回り）が期待できるのでしょうか。過去のリターンは確認できても、将来の正確なリターンは誰にもわかりません。

ここでは、日本の年金積立金約200兆円を運用している年金積立金管理運用独立行政法人（GPIF）と、米国の運用会社J.P.モルガン・アセット・マネジメントが公表している、中長期の期待リターン予想を確認してみましょう。

GPIFは国内債券、国内株式、外国債券、外国株式の4種類の資産（アセットクラス）について、今後25年間の期待リターンを公表しています（2020年3月31日付）。国内株式と外国株式が5・6％、7・2％と高めである一方、国内債券と外国債券は0・7％、2・6％と低めです。

対して、J.P.モルガン・アセット・マネジメントの予想は今後10〜15年と少し短めです。実際にはさまざまな資産の期待リターンを公表していますが、ここでは主要な資産のみ掲載しています。世界株式は5・90％で、その他の地域も株式は高め、債券は低めになっています。

これらのデータはあくまで予測で、確実に当たるわけではありませんが、ひとつの目安とはいえるでしょう。

今後の「利回り」の期待値は？

GPIFが推計している今後25年間の期待リターン

対象資産	期待リターン	政策ベンチマーク
国内債券	0.7%	NOMURA-BPI「除くABS」
国内株式	**5.6%**	TOPIX（配当込み）
外国債券	2.6%	FTSE世界国債インデックス（除く日本、円ベース）
外国株式	**7.2%**	MSCI ACWI（除く日本、円ベース、配当込み）

＊年金積立金管理運用独立行政法人（GPIF）
「基本ポートフォリオの変更について（詳細）」（2020年3月31日）

J.P.モルガン・アセット・マネジメントによる今後10〜15年の期待リターン予想

対象資産	期待リターン
	2023年予想
世界株式	**5.90%**
日本大型株式	**7.80%**
日本国債	0.70%
先進国株式（除く日本）	**5.70%**
先進国国債（除く日本）	2.10%
新興国株式	**7.50%**
新興国国債	4.50%

海外についてはすべて「為替ヘッジなし」

＊J.P.モルガン・アセット・マネジメント「J.P.モルガンの超長期予測 2023 Long-Term Capital Market Assumptions」

あくまで目安として参考にする程度に！

資産形成の投資では「長期・分散・低コスト」が重要

ライフプランを考えながら資産形成していく際には、長期・分散・低コストという3つのポイントが大切です。

まず、長期間継続していくことです。126ページで説明したとおり、株式投資のリターンの源泉は、投資先の企業が利益を生み出すことです。ビジネスに携わっている方ならご理解いただけると思いますが、利益はそんなに簡単に出せるものではありません。一年一年のビジネスに取り組んだ結果が、利益として積み上がっていきます。当然、投資で利益を得るのも時間がかかります。短期的な売買で儲けるものではありません。

ふたつ目は分散投資です。株式の個別銘柄を厳選するのではなく、リスク管理上、できるだけ幅広く世界の株式に投資することが重要です。よい銘柄を探しだそうとするのではなく、できるだけ多くの企業に分散して投資するのです。

最後が低コストです。投資する際のコストは、おもに税金と手数料です。税金は新しいNISA口座で投資すればゼロにできます。いっぽう、投資信託を利用すると手数料が発生しますが、商品によって手数料は異なります。インデックスファンドの場合は、できるだけ手数料の低いものを選ぶことが大切です。

「じっくり・広く・ムダなく」投資する

資産形成のための投資で大切な3つのポイント

長期

株式投資信託への投資では、10年以内といった短期では、利回りが安定しません。長期的な視点でおこないましょう。

分散

少数銘柄への集中投資は1銘柄の影響が大きく、リスクが高くなります。より安定的に運用するために分散が大切です。

低コスト

コストは投資家にとって確実なマイナスリターンとなります。しっかりコントロールしましょう。

【インデックスファンドのコストを確認する方法】

インデックスファンドで重要となる投資家が負担するコスト（手数料等）は信託報酬や総経費率などが注目されていますが、「運用報告書」に記載されている「1万口あたりの費用明細」で確認すると正確です。

信託報酬はあくまで経費の一部ですし、総経費率も原則として募集手数料、売買委託手数料、有価証券取引税が含まれないため、注意しましょう。

長期の資産形成では「ほったらかし」がいいワケ

資産形成での投資なら「ほったらかしでいい」などといわれると、本当に大丈夫なのか？　と心配になるかもしれません。しかし、「ほったらかしのほうが、むしろいい結果になる」という、米国ダルバー社による興味深い調査結果があるのでご紹介します。

グラフは2013年までの30年間、株式と債券のそれぞれのインデックスと、それぞれの投資信託の個人投資家全体のリターン（年率）を比較したものです。

株式インデックスのリターン11・11％に対して、株式投資信託の投資家は3・69％と、7・42％も低くなっています。また、債券インデックスのリターン7・67％に対して、債券投資信託の投資家は0・70％と、6・97％も低くなっています。

この差が生まれる原因は、投資家によるよけいな行動、つまり取引です。各種の手数料負担が発生しますし、取引タイミングも高く買って安く売ってしまうなど、結果的にリターンを低下させてしまうのです。

これは米国での調査結果ですが、日本人だからといってうまいタイミングで売買できるわけではないでしょう。長期の資産形成なら、〝ほったらかし〟がおすすめなのです。

取引という"よけいな行動"は損

**株式の投資家も、債券の投資家も、

「ほったらかしていたら、リターンが高くなっていた！」

という結果に**

米国における投資家の行動ギャップに関する実証分析

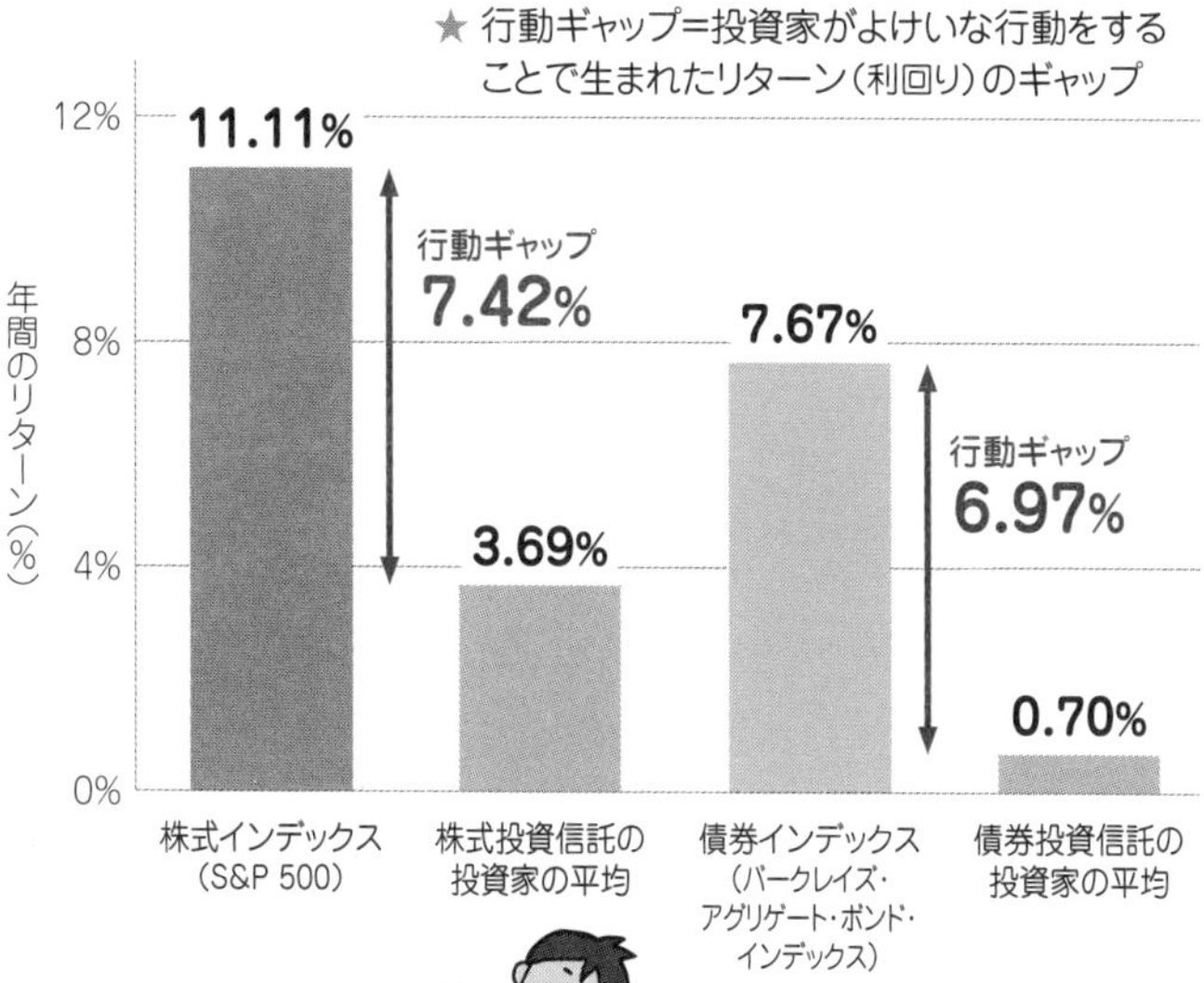

★ 行動ギャップ＝投資家がよけいな行動をすることで生まれたリターン（利回り）のギャップ

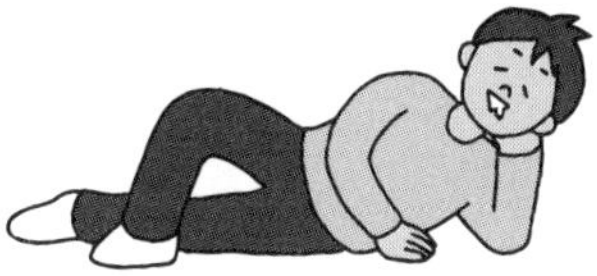

＊1984年1月から2013年12月までの30年間のデータに基づく。投資信託の投資家のリターンは、米国のデータを対象に分析。インデックスのリターンは、株式がS&P500、債券がバークレイズ・アグリゲート・ボンド・インデックスを用いて計算。
＊米国ダルバー社「DALBAR's 20th Annual Quantitative Analysis of Investor Behavior 2014 Advisor Edition」より

「投資信託」の仕組みを理解しよう

ここで投資信託の仕組みを説明します。投資信託は、投資家から集めたお金をひとつの大きな資金としてまとめ、運用の専門家が株式や債券などに投資して運用していく金融商品です。株式や債券など価格変動する証券に投資するため、投資信託自体も元本は保証されておらず、日々、値段が変動します。

１本の投資信託について、販売会社、信託銀行（受託者）、運用会社（委託者）という３つの金融機関が登場します。投資家であるみなさんは、投資信託を販売している販売会社（証券会社、銀行など）で投資信託を選び、お金を払います。

購入資金として払ったお金は、販売会社を通じて信託銀行に移され、信託銀行が投資信託の信託財産として保管・管理していきます。

信託財産のお金を使って、株式や債券などの資産に投資していきますが、具体的な投資対象を選んだり、売買するタイミングを指示したりするのは運用会社です。

投資信託はこのような仕組みで管理・運用されていますので、投資信託を購入し保有していく際には、これら３つの金融機関に手数料を支払うことになります。

少額から手軽に分散投資できる仕組み

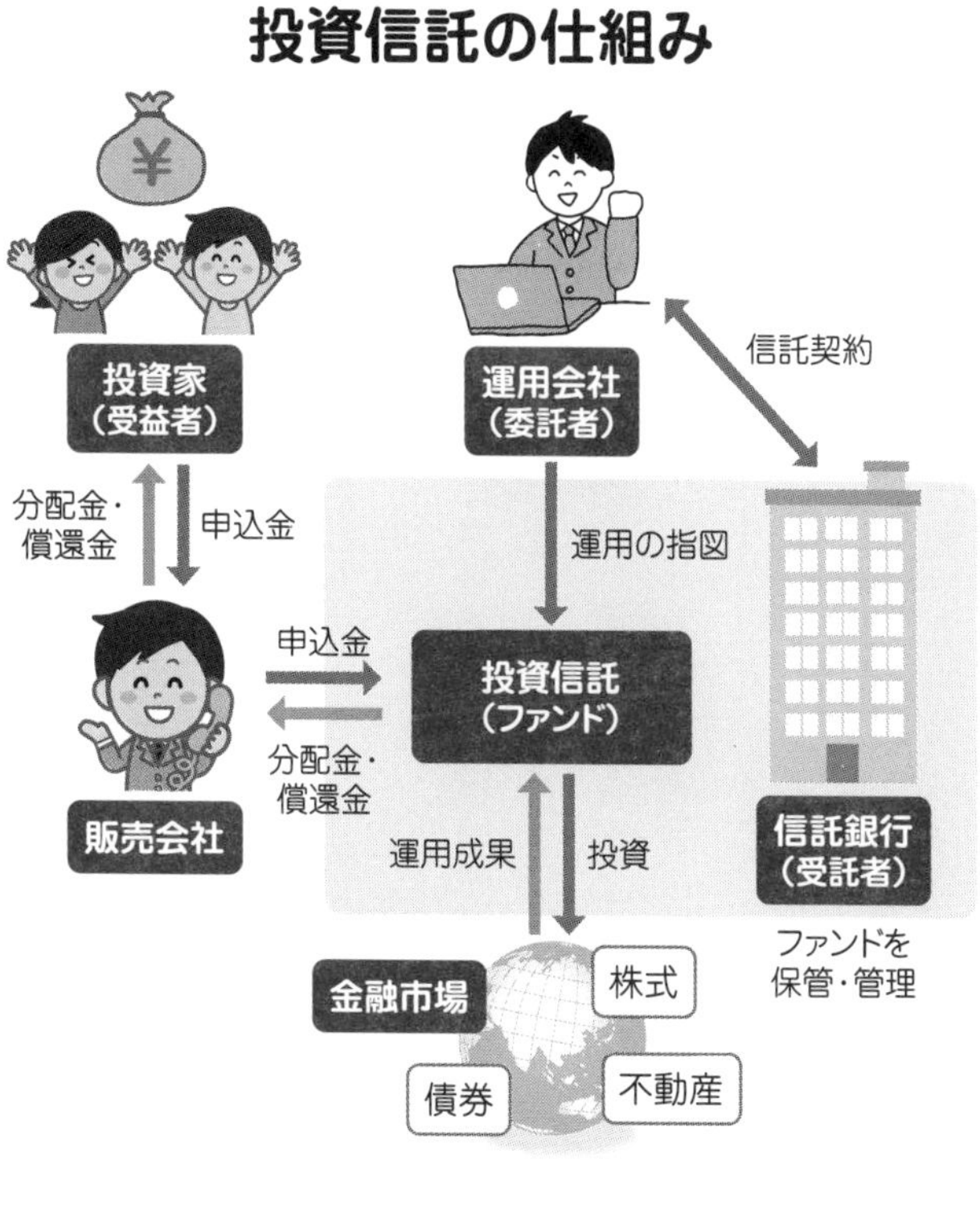

＊一般社団法人 投資信託協会「わかりやすい投資信託ガイド」（2022年版）を参考にして筆者作成

★ 投資家から集めたお金をひとつの大きな資金としてまとめ、運用の専門家が株式や債券などに投資・運用。

★ 元本が保証されている金融商品ではありません。

投資信託にかかる3つの手数料とは？

投資信託に投資すると、おもに3つの手数料が発生します。購入時手数料、運用管理費用（信託報酬）、信託財産留保額です。

購入時手数料は購入する際に販売会社に支払うもので、購入金額の0〜3％程度の金額になるのが一般的です。つみたてNISA対象商品（新しいNISAのつみたて投資枠対象商品）は、ノーロードとよばれ、購入時手数料が無料です。

実際に運用が始まってから継続的に負担するのが運用管理費用（信託報酬）です。運用残高（純資産総額）に対して年率0・1〜3％程度で、運用会社、販売会社、信託銀行のそれぞれに支払います。インデックスファンドで同一のインデックスをベンチマークとするファンド（たとえば、MSCI ACWIへの連動を目指す2本のファンド）の場合、この運用管理費用がリターンを決めるといっても過言ではありません。

最後は信託財産留保額で、解約するときに解約金額の0・3％程度をファンドの財産に残してくるものです。解約に際して、投資している証券を売却する必要がありますので、それに対するペナルティのような位置づけで、金融機関に支払うものではありません。

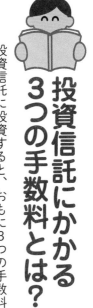

運用管理費用がリターンを決める

投資信託の手数料は［購入時・運用中・売却時］の3つのタイミングで負担する

購入時…購入時手数料　0〜3%程度

- 購入時に証券会社などの販売会社に対して支払う。
- 商品毎に上限はあるが、実際の手数料率は販売会社が決定。
- 購入金額に対して最大何%として定められる。
- ノーロードとよばれる、販売手数料がかからないものも。

運用中…運用管理費用（信託報酬）　0.1〜3%程度

- 運用・管理の報酬として、運用会社、販売会社、信託銀行に支払う手数料。
- 純資産総額に対して年率何%として定められる。
- **長期投資の場合、リターンを決めるもっとも重要な手数料。**

▶より正確には、運用管理費用（信託報酬）以外にも、売買委託手数料、有価証券取引税、その他費用（保管費用、監査費用ほか）などファンドが負担する費用があり、それらも運用成績に影響します。

売却時…信託財産留保額　0.3%程度

- 運用途中で解約する場合、解約代金を準備するために、運用している証券の売却が必要になる。そこで解約者に、その負担を求めるもの（ファンドに対して払う）。
- 解約時の基準価額に対して最大何%として定められる。

投資信託は「コストの違い」で数百万円の差になる?!

長期の資産形成で、投資信託のコストがどれほどリターンに影響するか確認してみましょう。新しいNISA口座なら非課税ですので、ここでのコストは手数料になります。

ひとつ目のグラフは、100万円を期待リターン4%の資産に一括投資して、30年間運用した場合に、コスト（年率）が0%、0・2%、1・0%、2・0%の4つのパターンで、どのくらい変わるかを示しています。

コストなし、つまり0%ならリターンは4%で30年後には324万円です。これが、コスト0・2%、1・0%、2・0%と上がるにつれ、306万円、243万円、181万円と下がります。同じ資産に投資し同じリスクを取っても、コストが違うとこれほど大きな影響があるのです。投資金額が1桁大きく1,000万円だったらと想像すると、それは恐ろしい金額になります。

ふたつ目のグラフは、積立投資をした場合です。毎年10万円を期待リターン4%の資産に30年間積立投資した場合です（積立元本合計は300万円）。一括投資の場合ほど差は開きませんが、それでもコストが最終的な金額に大きな影響を与えていることが確認できます。

投資信託を保有している方は継続的なコストである運用管理費用（信託報酬）をぜひチェックしてみてください。

手数料を軽視すると大損に

★一括投資の場合

100万円を期待リターン4%で30年間運用した場合、コストによって資産額は大きく異なります！

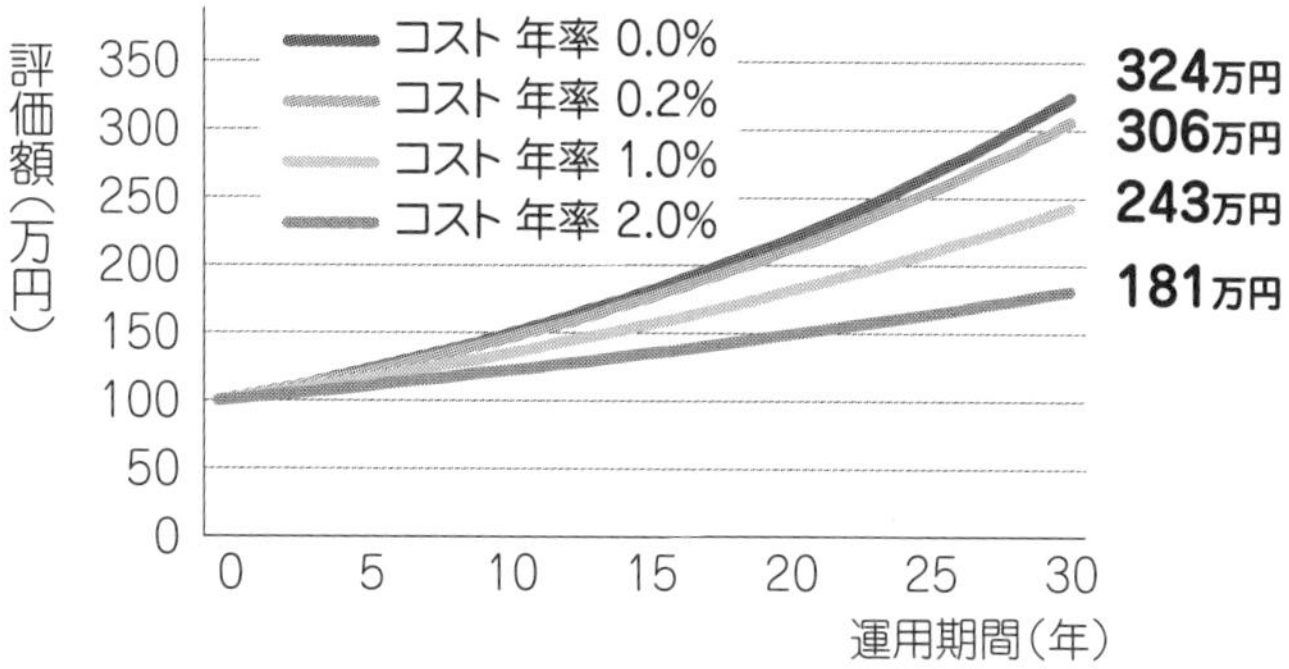

★積立投資の場合

毎年10万円を期待リターン4%で30年間にわたり積み立てた場合、コストによって資産額は大きく異なります！

【積み立て元本総額は300万円】

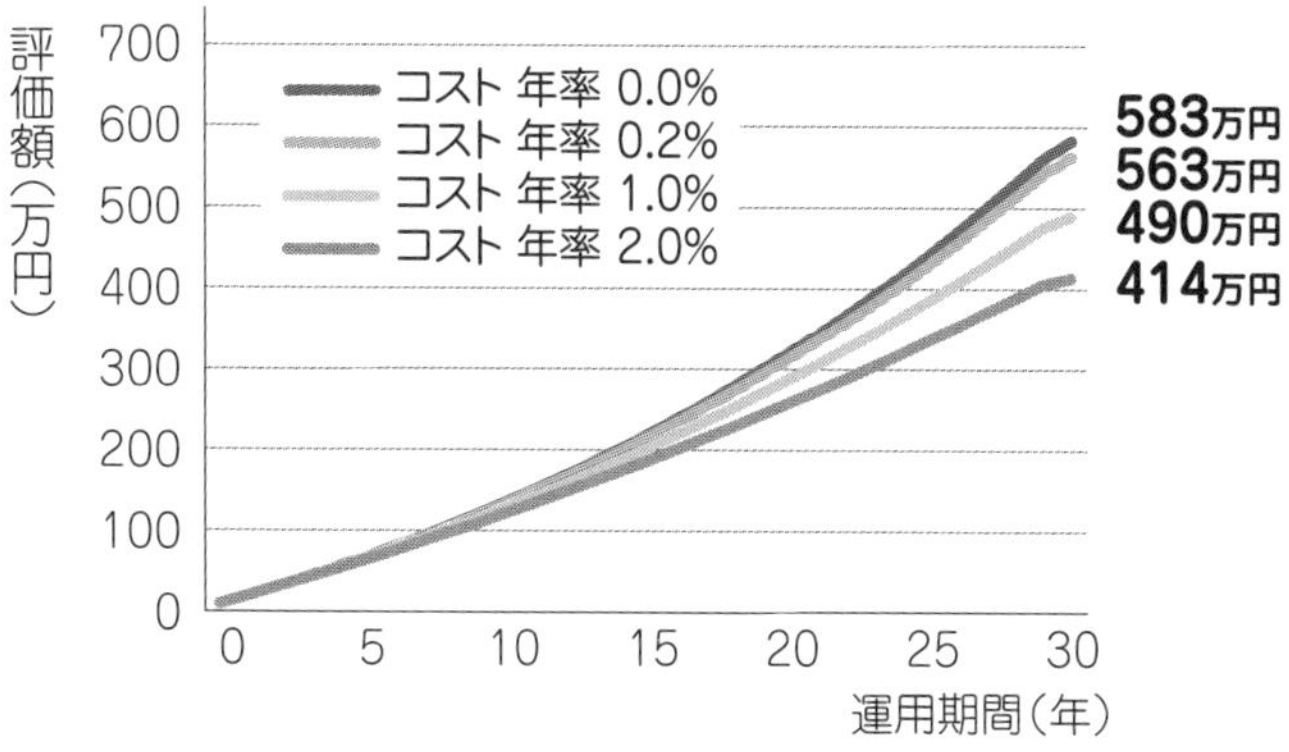

投資信託説明書、運用報告書をチェックして商品を理解する

投資信託を選ぶ際には、その投資信託がどの地域のどんな資産を対象として、どのように投資するかなど、その中身を理解することが大切です。そのときにチェックしておきたい資料が、投資信託説明書（目論見《もくろみ》書）と運用報告書です。

投資信託説明書は、その投資信託がどのような商品なのかを説明している資料です。購入時に必ず配布され、10ページ程度で簡潔にまとめられている投資信託説明書（交付目論見書）と、請求した場合に交付され、かなり詳しく記載されている投資信託説明書（請求目論見書）の2種類があります。購入時には、少なくとも投資信託説明書（交付目論見書）に目をとおして商品内容を理解しておきましょう。

運用報告書は、実際の運用状況についてまとめている報告書です。こちらも重要な項目に絞っている交付運用報告書と、より詳細に記載している運用報告書（全体版）のふたつに分かれます。1年間の運用状況について概要をつかんでおきたい場合は交付運用報告書で、組入資産の詳細などまで細かく理解したい場合には運用報告書（全体版）でチェックするとよいでしょう。

また、よりタイムリーな運用状況を確認したい場合には、毎月発行される「月報、マンスリーレポート、月次レポート」などとよばれる報告書で確認しましょう。

説明書・報告書は、ここをチェックする

「交付目論見書」の記載内容

記載項目	主な内容
ファンドの目的・特色	どのような資産を対象とし、どのように運用するのかなど、ファンドの基本的な内容
投資リスク	基準価額（投資信託の値段）が変動する要因となるリスクにはどのようなものがあるか、ファンドの年間騰落率や分配金再投資基準価額の推移など
運用実績	これまでの基準価額の動きや分配金の額、主な組入資産（上位10銘柄など）など
手続き・手数料など	購入申込みや換金の際に必要な情報、ファンドの費用や税金など

「交付運用報告書」の記載内容

記載項目	主な内容
運用経過の説明	グラフや表を用いた当期中の運用経過や、基準価額の主な変動要因と投資環境
今後の運用方針	組入資産ごとの今後の運用方針
お知らせ	約款の内容の変更や運用体制の変更など、運用会社が重要と判断した内容
当該投資信託の概要	当該投資信託について、商品分類、信託期間、運用方針、主要投資対象などの概要
代表的な資産クラスとの騰落率の比較	代表的な資産クラス（日本、先進国及び新興国の株式と債券の指数）との騰落率の比較
当該投資信託のデータ	組入資産の内容、純資産などについてのグラフや表

＊一般社団法人 投資信託協会「わかりやすい投資信託ガイド」（2022年版）を参考にして筆者作成

積立投資と一括投資、利回りが高くなるのは？

はじめて投資をする方は、毎月など定期的に投資していく積立投資と、資金をまとめて一度に投資する一括投資のどちらが有利なのか、と気になるかもしれません。ここで、世界株式インデックスファンド（MSCI ACWIに連動）に投資した場合の利回り（リターン）実績を確認してみましょう。積立投資では一定金額（例えば1万円）を毎月投資、一括投資は最初に投資したあとは追加投資をおこなわないとして計算します。

1987年12月から1か月ごとに投資時期をズラして、期間1年、10年、20年、30年で投資した場合の利回りを計算しています。

1年の場合、積立投資、一括投資のいずれも＋18％以上と大きなプラスもあれば、－《マイナス》10％未満と大きなマイナスもあり、利回りは安定していません（156～157ページ）。

いっぽう、20年以上の長期になると、すべての場合で利回りはプラスになっており、利回りは安定してきています。

投資期間が長くなるほど、積立投資と一括投資の投資方法によって利回りに大きな差はなさそうです（左ページの表）。投資対象がいずれも世界株式インデックスファンドと同じですから、ある意味、当然の結果といえるでしょう。

短期・中期・長期での「利回り」は？

ポイント

- 積立投資および一括投資は、長期になるほど利回りに大きな差は見られなくなる。
- 積立投資・一括投資のいずれでも期間が長くなるほど、利回りは安定する傾向。

★積立投資における利回りの最大値、中央値、最小値

	1年	10年	20年	30年
最大	70.16%	16.36%	10.73%	8.86%
中央値	10.62%	9.26%	6.86%	7.47%
最小	-66.34%	-8.50%	0.13%	6.04%
データ数	412	304	184	64
元本割れ確率	31%	11%	0%	0%

★一括投資における利回りの最大値、中央値、最小値

	1年	10年	20年	30年
最大	63.17%	17.07%	9.90%	8.48%
中央値	9.86%	7.74%	5.80%	7.23%
最小	-52.81%	-3.50%	2.85%	5.57%
データ数	412	304	184	64
元本割れ確率	31%	8%	0%	0%

*MSCI Inc. ACWI Gross JPY（1987年12月～2023年3月）を対象に分析。
信託報酬などのコストは考慮せず

分析方法

- 世界株式インデックスファンドに、1987年12月以降に積立投資（毎月）もしくは一括投資した場合に、どのような利回りとなったかを計算。
- 1年、10年、20年、30年の投資期間で、投資タイミングは1か月ごとにずらしてそれぞれ計算。

中央値とは／データを小さい順に並べていった時に、ちょうど中央（真ん中）になるデータのこと

積立では、期間30年で、利回り6～10%

各投資期間で「実際に実現した利回り」が何回ずつだったか【分布】を示しています。

積立投資の場合

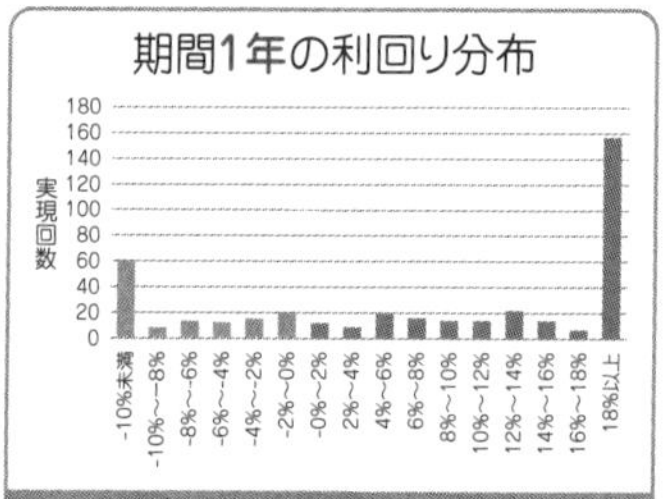

1年だと、大きなプラスと、大きなマイナスに二極化しており、リスクが高い

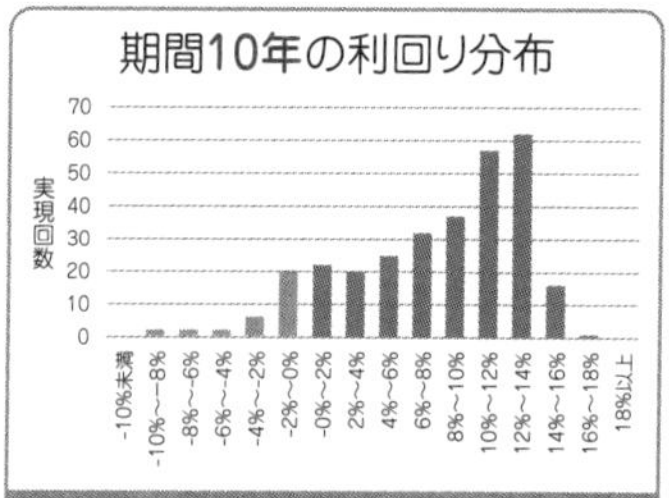

10年だと9割近くで利回りはプラスになっている

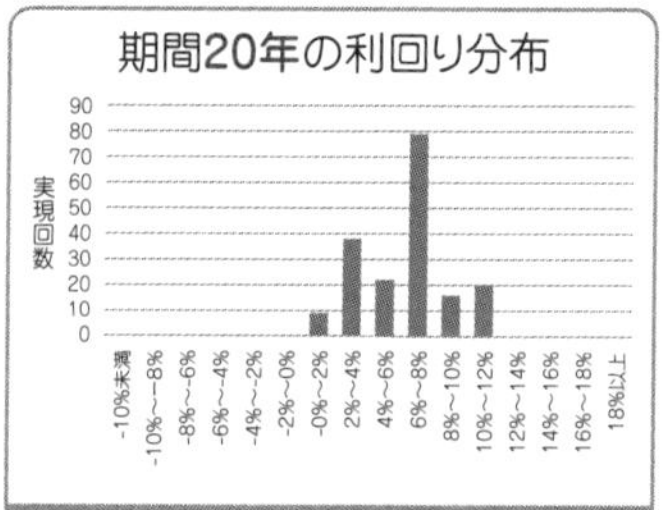

20年だとすべての場合で利回りはプラスになっており、0～12%となっている。一括投資の場合よりも、広く分布している

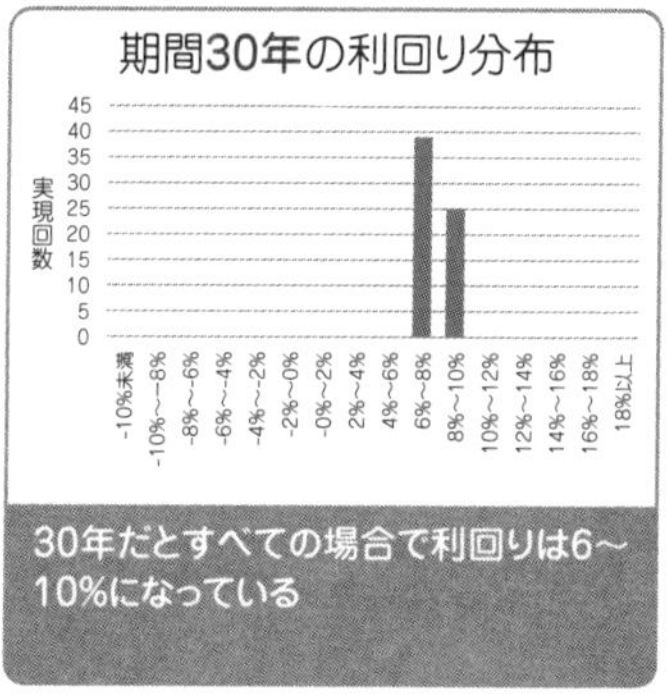

30年だとすべての場合で利回りは6～10%になっている

＊MSCI Inc. ACWI Gross JPY（1987年12月～2023年3月）を対象に分析。信託報酬などのコストは考慮せず

★ 積立投資はリスクが低く、安全といったイメージがあるかもしれませんが、投資期間10年でもマイナス利回りが多めになっています。

一括では、期間30年で、大半が利回り6〜8%

各投資期間で「実際に実現した利回り」が何回ずつだったか【分布】を示しています。

一括投資の場合

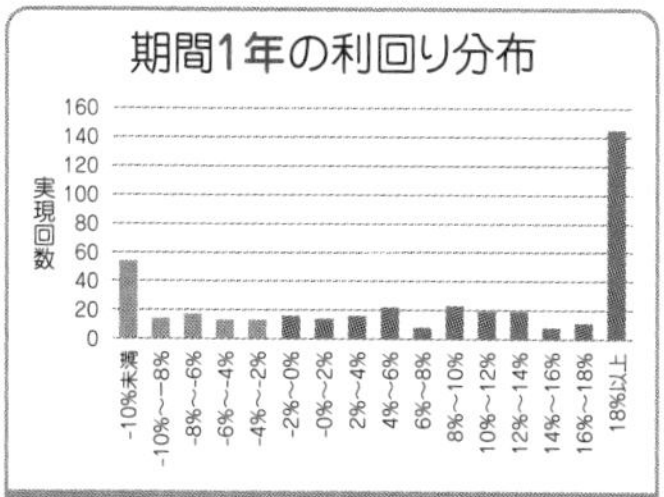

1年だと、大きなプラスと、大きなマイナスに二極化しており、リスクが高い

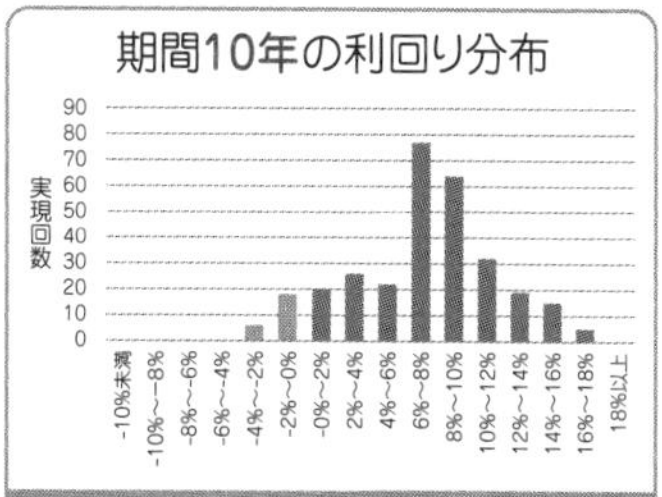

10年だと、9割以上で、利回りはプラスになっている

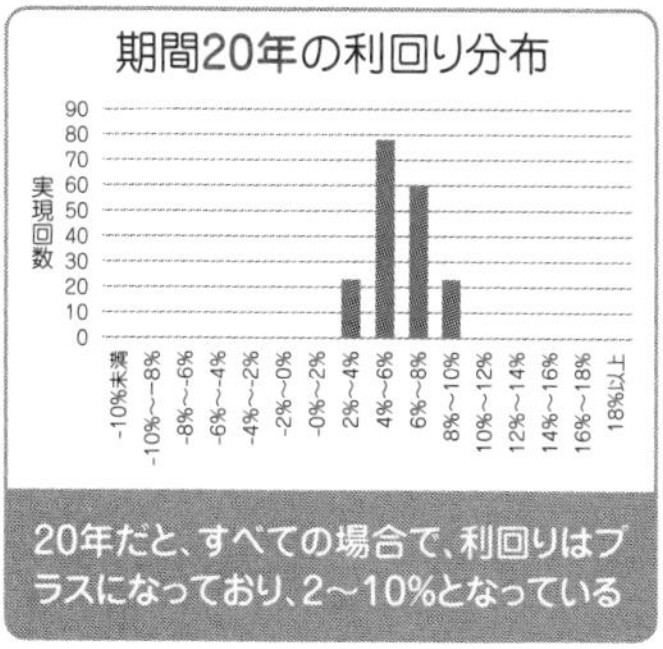

20年だと、すべての場合で、利回りはプラスになっており、2〜10%となっている

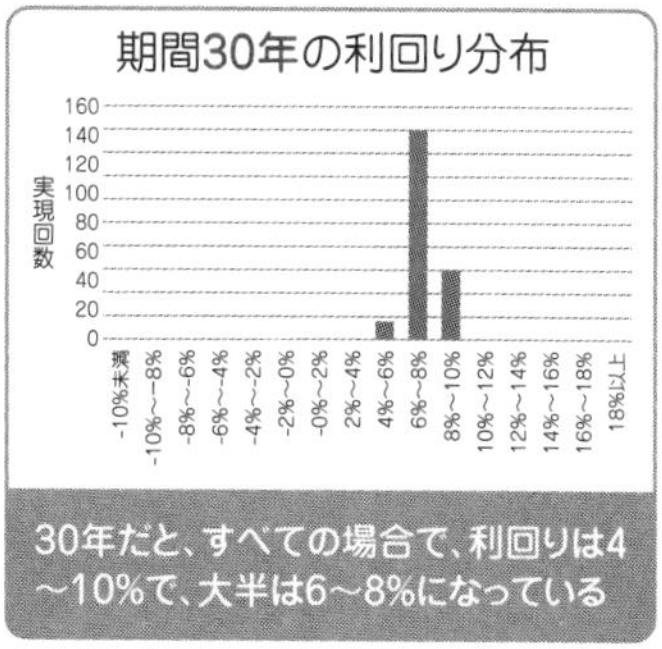

30年だと、すべての場合で、利回りは4〜10%で、大半は6〜8%になっている

*MSCI Inc. ACWI Gross JPY（1987年12月〜2023年3月）を対象に分析。信託報酬などのコストは考慮せず

★ 一括投資はリスクが高く、損しやすいといったイメージがあるかもしれませんが、投資期間が長くなると利回りが安定してきます。

積立投資と一括投資、利益が大きくなるのは？

積立投資と一括投資で、どちらの利益が大きくなるかを確認しましょう。基本的な前提は前項と同じで、世界株式インデックスファンド（ＭＳＣＩ ＡＣＷＩに連動）に１９８７年12月から１か月ごとに投資時期をズラして、期間１年、10年、20年、30年で投資した場合で確認します。今回は投資したお金（積立投資の場合は累計積立金額、一括投資の場合は最初に投じた金額）に対する投資期間終了時点の評価額、つまり投資したお金が何倍になったかという「損益率」で比較します。

積立投資、一括投資ともに１年だと０・58～１・35倍（積立投資）、０・47～１・63倍（一括投資）とかなりブレています（左ページの表）。積立投資のほうが投資タイミングを分散（時間分散）できるため、一括投資の場合よりもバラツキは小さめのようです。

期間が20年だと積立投資では１・01～３・29倍、一括投資では１・75～６・61倍と一括投資のほうが大きくなっています。

この差は、なぜ生まれるのでしょうか。たとえば、20年の積立投資の場合、最初の１万円は20年間投資されますが、19年11か月目に投資した１万円は、たった１か月間しか投資されません。つまり、積立投資は投資期間が実質的に半分になるため、利益も半減してしまうのです。

短期・中期・長期での「損益率」は?

ポイント

- 利回りとは異なり、一括投資のほうが実質的な投資期間が長くなるため、損益率は一括投資のほうが明らかに大きくなる。
- 投資期間が長くなればなるほど、その差は顕著になる。

★積立投資の損益率(=評価額/累計積立金額)の最大値、中央値、最小値

	1年	10年	20年	30年
最大	1.35	2.36	3.29	4.63
中央値	1.06	1.61	2.09	3.57
最小	0.58	0.66	1.01	2.74
データ数	412	304	184	64
元本割れ確率	31%	11%	0%	0%

★一括投資の損益率(=評価額/一括投資金額)の最大値、中央値、最小値

	1年	10年	20年	30年
最大	1.63	4.83	6.61	11.50
中央値	1.10	2.11	3.09	8.11
最小	0.47	0.70	1.75	5.08
データ数	412	304	184	64
元本割れ確率	31%	8%	0%	0%

*MSCI Inc. ACWI Gross JPY(1987年12月〜2023年3月)を対象に分析。信託報酬などのコストは考慮せず

分析方法

- 世界株式インデックスファンドに、1987年12月以降に積立投資(毎月)もしくは一括投資した場合に、投資期間終了時に投資元本の何倍になったかを計算。
- 1年・10年・20年・30年の投資期間で、投資タイミングは1か月ごとにズラして、それぞれ計算。

積立では、一括とくらべると、利益は小さめ

各投資期間で「実際に実現した損益率（＝投資期間終了時の金額／累計積立金額）」が何回ずつだったか【分布】を示しています。

積立投資の場合

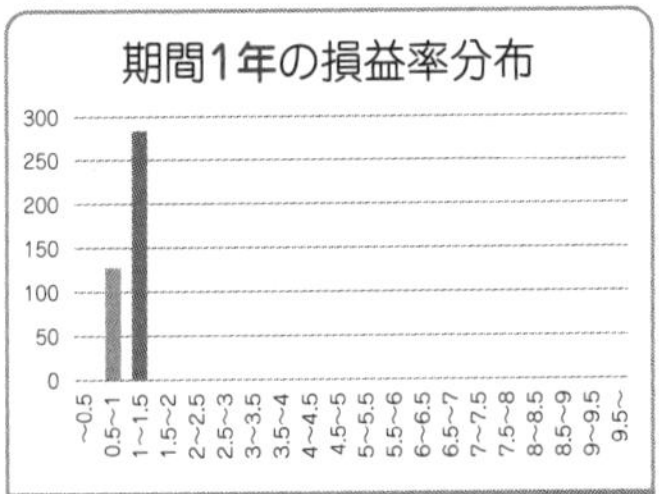

1年だと、1倍以上が多くなっているものの、1倍割れの場合も3割ほどある

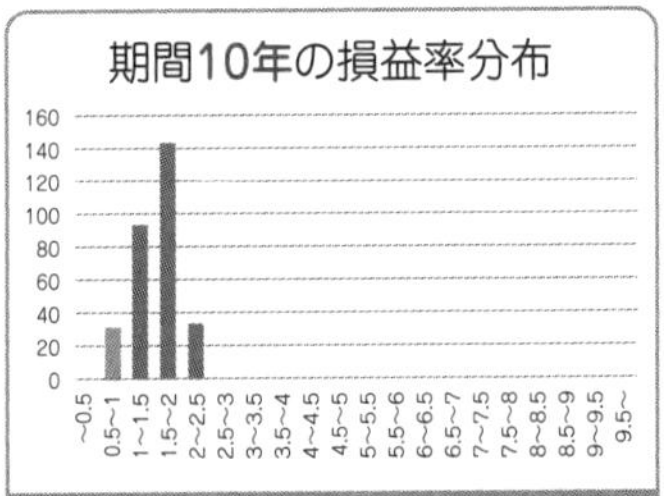

10年だと9割近くで1倍以上で、最も多いのは1.5〜2倍

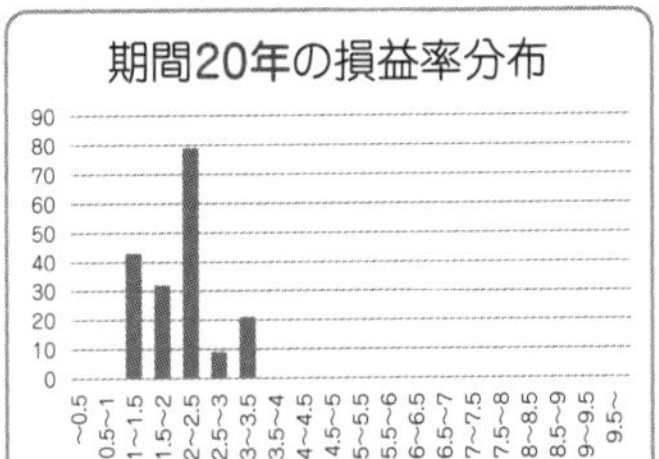

20年だとすべての場合で1倍以上となっており、最も多いのは2〜2.5倍

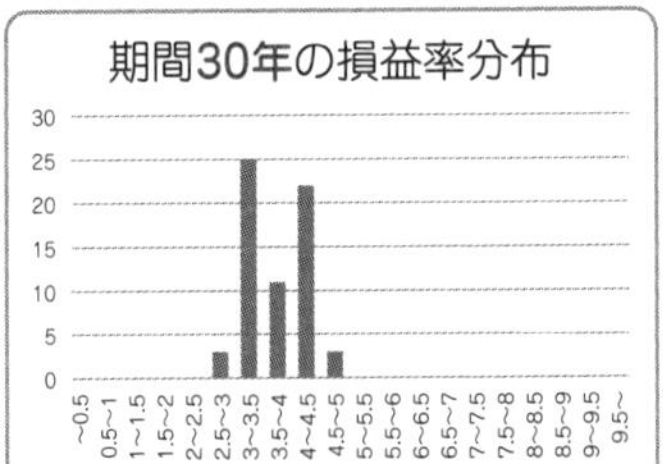

30年だと3〜4.5倍になることが多くなっている

＊MSCI Inc. ACWI Gross JPY（1987年12月〜2023年3月）を対象に分析。信託報酬などのコストは考慮せず

★ 積立投資でも投資期間が長くなるほど、右側にシフトしているものの、30年でも3〜4.5倍程度と、一括投資とくらべると利益は小さめ。

一括では、期間30年で、損益率9.5倍以上も

各投資期間で「実際に実現した損益率（＝投資期間終了時の金額／一括投資金額）」が何回ずつだったか【分布】を示しています。

一括投資の場合

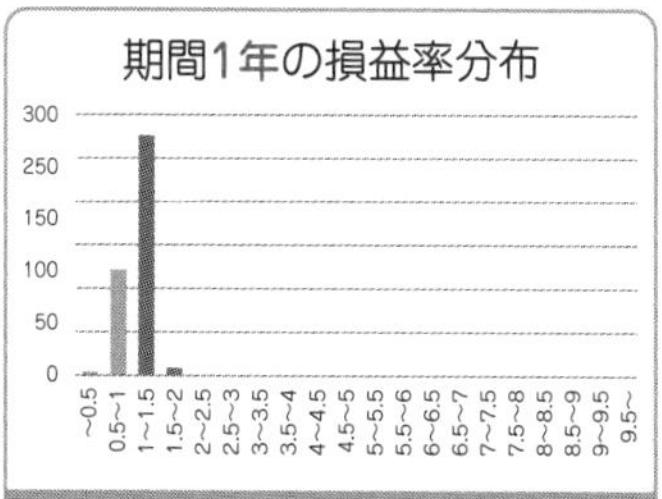

1年だと、1倍以上が多くなっているものの、1倍割れの場合も3割ほどある

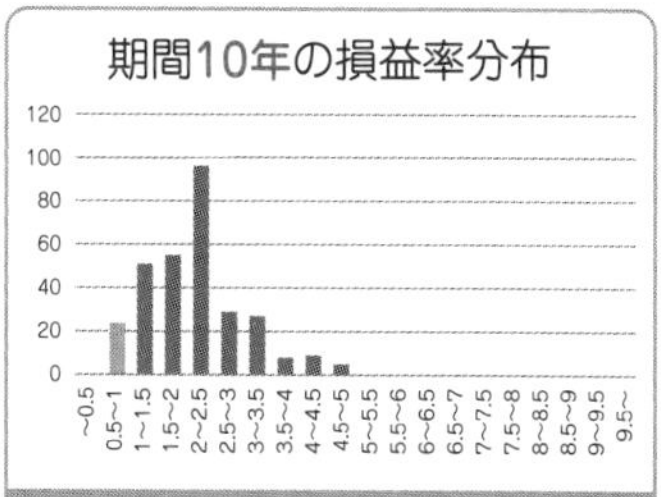

10年だと9割以上で1倍以上となっており、最も多いのは2～2.5倍

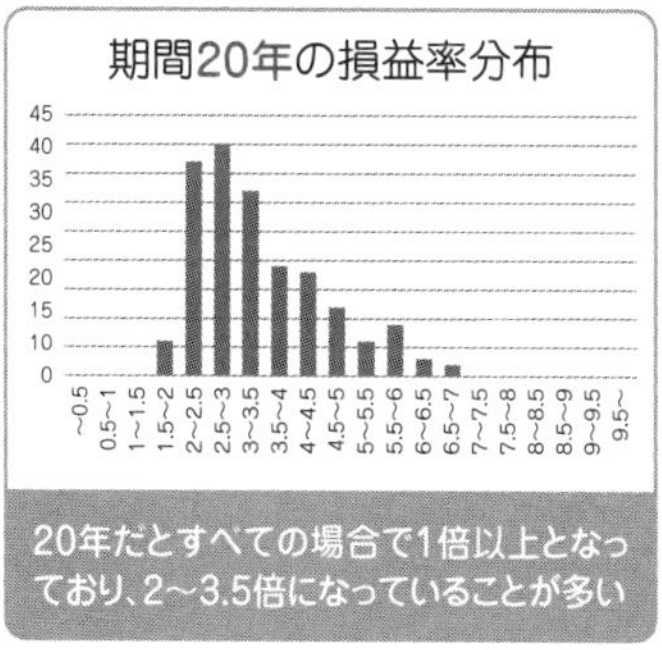

20年だとすべての場合で1倍以上となっており、2～3.5倍になっていることが多い

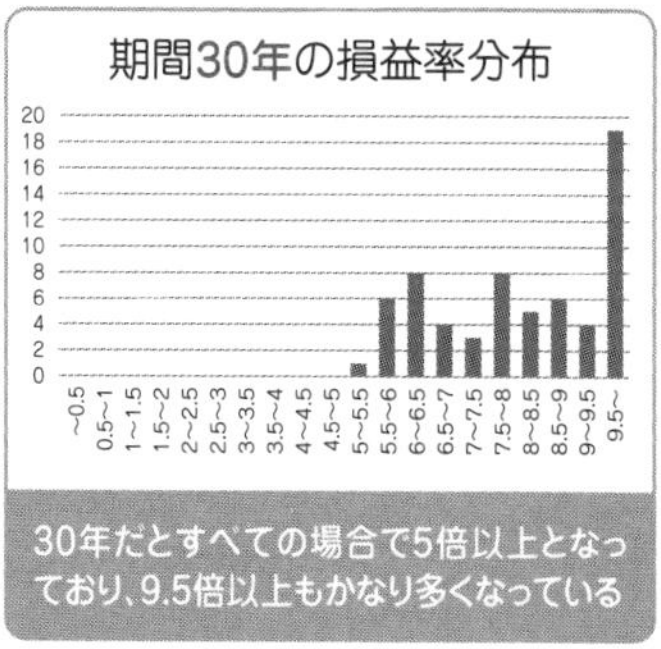

30年だとすべての場合で5倍以上となっており、9.5倍以上もかなり多くなっている

*MSCI Inc. ACWI Gross JPY（1987年12月～2023年3月）を対象に分析。
信託報酬などのコストは考慮せず

★ 一括投資では、投資期間が長くなるほど、右側にシフトしていき、30年だと低くても5倍以上と、利益が大きくなっています。

時間が味方してくれる資産と、必ずしも味方にならない資産

投資対象は、代表的な資産である株式、不動産、債券以外にも、コモディティとよばれる金などの貴金属や原油、暗号資産までさまざまなものが考えられます。これらのうち、資産形成に適した資産はどれなのでしょうか。

長期的な資産形成に適した資産は、それ自体が価値を生みつづける資産であり、適していない資産はそれ自体とくに価値を生み出さない資産だと筆者は考えています。

たとえば、株式はそれを発行している株式会社が、世の中に商品やサービスを提供して利益を生み出しますし、不動産は誰かに入居してもらえば家賃収入が生まれます。

いっぽう、金（ゴールド）の塊《かたまり》1キログラムは、とくに価値を生みません（3キログラムに増えることはありませんから）。原油や暗号資産も同様です。

どんな資産も、買いたい人（需要）と売りたい人（供給）のバランスで短期的に値段（価格）は変動しますが、価格の上昇が長期的に期待できるのは、価値を生み出す資産です。

このような観点から、資産形成に適した資産は、時間が味方になる資産である株式、不動産、債券などであり、資産形成にむかない資産は、時間が必ずしも味方にならない資産だと考えています。

「株式」は時間が味方になる資産

長期投資に向いている、時間が味方になる資産！

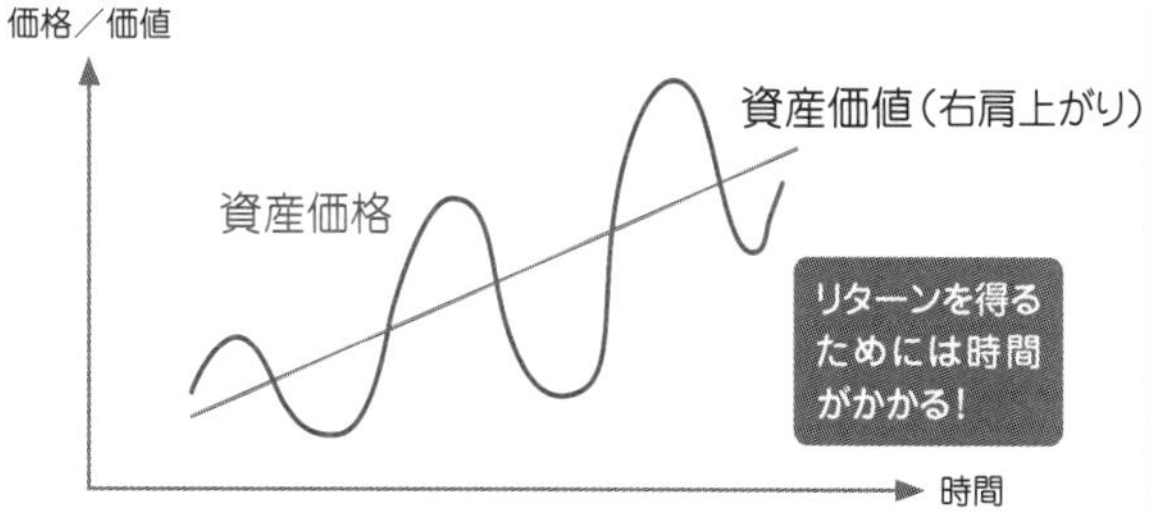

株式や不動産といった資産は長期的には価値を生み出していくので、資産価値は積み上がっていきます。ただし、その価格は不安定に大きく変動することがあります。

いずれの資産も、価格は、需要（買いたい人）と供給（売りたい人）のバランスで上にも下にも変動します。

必ずしも時間が味方にはならない資産！

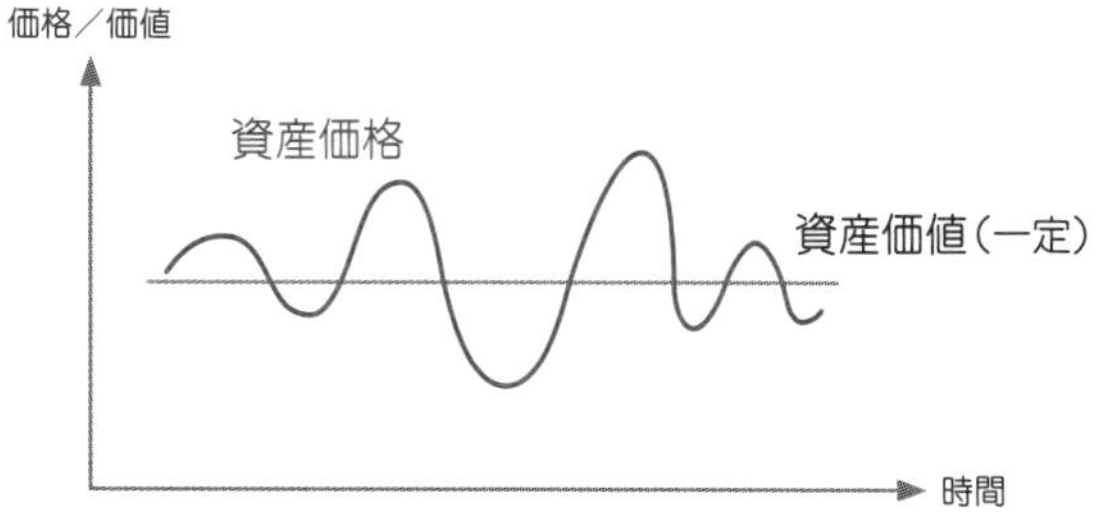

金などの貴金属、原油、暗号資産といった資産は、それ自体が何らかの価値を生み出していくことはありませんが、需要と供給によって、その価格は変動していきます。

銘柄選びや売買タイミングより重要なアセット・アロケーション

投資というと、どの銘柄にどんなタイミングで投資すれば儲かるか？と考えがちですが、銘柄選びや売買タイミングよりも重要なものにアセット・アロケーション（資産配分）があります。はじめて聞くという方もいるかもしれませんが、アセット・アロケーションは資産（アセット）の配分割合（アロケーション）を決めることです。たとえば、株式40％、債券30％、不動産30％と、お金をどの資産にどのくらい投資するか決めることです。

このアセット・アロケーションが長期的なパフォーマンスの9割以上を決定するといった分析結果があります。シンプルに考えると、期待リターンが高い資産への配分割合を高くすれば、長期的には全体のリターンも高くなるであろうことは想像に難《かた》くありません。さまざまな分析がされていますが、40年近くも前からアセット・アロケーションが重要であるといわれており、機関投資家とよばれるプロの投資家の間では常識となっています。

投資を始め、継続していく際にはご自身で目標とするアセット・アロケーションを定め、定めたアセット・アロケーションからずれていないか、1年に1回など定期的にチェックしていくことが大切です。

どこに・どれだけ投資するか…配分がすべて

アセット・アロケーション（資産配分）

どの資産にどのくらいの割合配分するか決定すること

例1

株式	40%
債券	30%
不動産	30%

例2

日本株式	10%
先進国株式	40%
新興国株式	15%
日本債券	20%
先進国債券	10%
新興国債券	5%

ポートフォリオ・パフォーマンスの決定要因としては、アセット・アロケーションがひじょうに重要

ポートフォリオ・パフォーマンスの決定要因（実証分析）

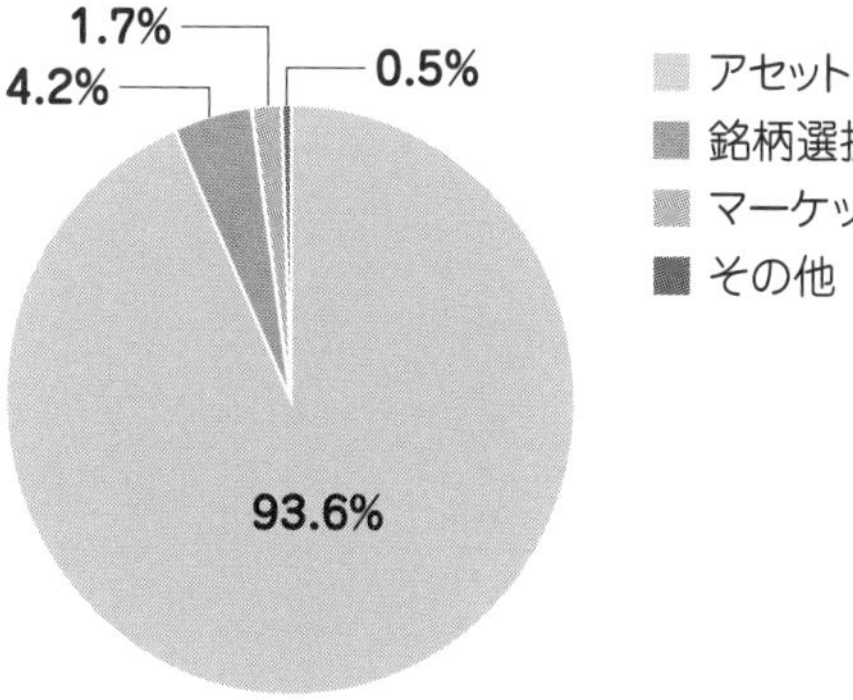

＊"Determinants of Portfolio Performance" Gary P. Brinson 他, Financial Analysts Journal; July/August 1986より

株式インデックスファンドのリスクは何か？

世界の幅広い株式を対象としたインデックスファンドを使った資産形成をおすすめしていますが、株式インデックスファンドにもさまざまなリスクがあります。

まず、長期的な利回り（リターン）はプラスが期待できるものの、短期的には大幅に下落してしまうこともあります。いわゆるリーマンショックの時期には前年比で4割減、5割減と大きなマイナスリターンになり、その後も回復するまで、かなりの時間がかかりました。

いくら分散されているインデックスファンドとはいえ、短期的にはこのように大きく下がってしまうこともあります。

また、株式インデックスファンドのタイプはいろいろです。筆者は、世界の幅広い株式を対象としたMSCI ACWIやFTSE Global All Cap Indexをベンチマークとするものを中心に選ぶのがいいと考えていますが、なかには特定の地域の比較的少ない企業のみを対象としたインデックスもあります。

適切なインデックスをベンチマークとする投資信託でなければ、期待どおりのリターンが得られない可能性もあります。ご自身が投資しようとするインデックスファンドについて、しっかりと理解しておきましょう。

大きく急落➜回復に時間がかかることも

世界株式インデックス【MSCI ACWI】の推移

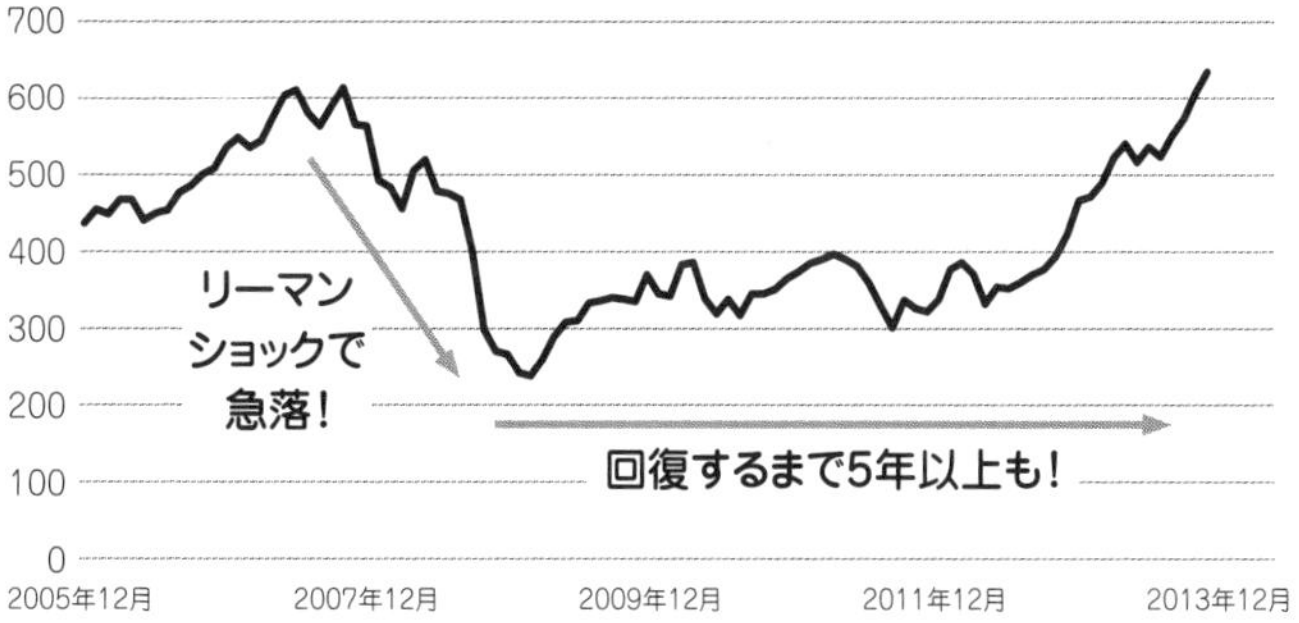

＊MSCI Inc. ACWI Gross JPY（2005年12月～2013年12月）を対象に分析。信託報酬などのコストは考慮せず

リーマンショックなど、マーケットが急落することもある

さらに、元の水準にもどるまで、数年単位の時間を要することも。資産形成は「長期のスタンスで継続する」ことが大切！

インデックスファンドといっても、どのインデックスをベンチマークとしているかで、リターンは大きく変わります

MSCI ACWIやFTSE Global All Cap Indexなどの世界の幅広い株式を対象としたインデックスをベンチマークとしているものがおすすめです。

FTSE Global All Cap Indexとは／MSCI ACWI同様に、世界の幅広い株式を対象としたインデックスで、FTSE Russell社が提供しているもの。小型株まで対象としているため、構成銘柄は約9,500社となっている。

資産形成の投資と趣味の投資を区別しよう

長期的な資産形成を有利に進めるためには、預貯金のみではなく、株式を対象とした投資信託を活用するなど少しでも高い利回りが期待できる資産を組み入れることが大切です。

インデックスファンドへの投資をすすめると、「退屈だ、つまらない」とおっしゃる方がいますが、資産形成として取り組むなら、そこに楽しさを求める必要はないと考えています。たとえば、資産形成で利用する「預貯金」は退屈だから利用しない、という方はいないと思います。

いろいろ分析しながら個別株式やアクティブファンドへ投資するのは楽しいかもしれません。インデックスファンドよりもずっと大きなリターンが得られることもあれば、大きな損失になってしまうこともあるでしょう。そういったスタイルの投資はあくまで「趣味」として考え、一定金額の中で楽しめばよいのではないでしょうか。

いっぽう、資産形成としての投資は、インデックスファンドを活用して自動積立の形で仕組み化し、手間をかけずに淡々《たんたん》と継続していくのがよいと考えています。

投資といっても、資産形成なのか、それとも趣味なのか、その位置づけをきちんと区別して、つきあっていきましょう。

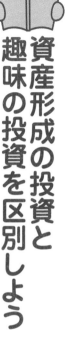

資産形成の投資は手間をかけずに

	趣味 として	資産形成 として
目的	楽しむため(エンタメ)	お金を貯め、守り、増やす、 購買力の維持、向上
感情	ハラハラ、ドキドキ	つまらない、退屈、面倒
投資金額	資産形成に影響ない範囲で (全額失うことも想定)	手取り収入の一部 (1～2割)を積み立て
投資スタイル	買ったり、売ったり (安く買って、高く売る)	現役時代は積立投資、 引退後は定期取り崩し
投資対象	個別株式、ブル・ベア投信等 (他にはFX、暗号資産など)	世界に幅広く分散投資する 投資信託・ETFなど
必要なスキル	銘柄分析能力、 売買タイミングの判断能力、 マーケットを見る時間	仕組み化して、 ぶれずに継続していくこと

資産形成として投資するか、
趣味として楽しむために投資するか、
きっちり区別しておきましょう!

二者択一である必要はありません。
それぞれへの配分割合(もしくは金額)を
決めて管理するようにしましょう。

◀ONE POINT 知識▶
長期投資なら買い値は気にしなくていい？

資産形成を始めて最初の数年間は、マーケットが大きく下落すると「始めたタイミングが悪かったかな」など不安に感じられるかもしれません。しかし、長期で考えると、短期的な上げ下げはまったく気にする必要はないでしょう。

ひとつ目のグラフは、世界株式インデックスである「MSCI ACWI」の2002年1月から12月までの1年間の推移。年の前半に始めた方は、後半に含み損を抱えることになります。

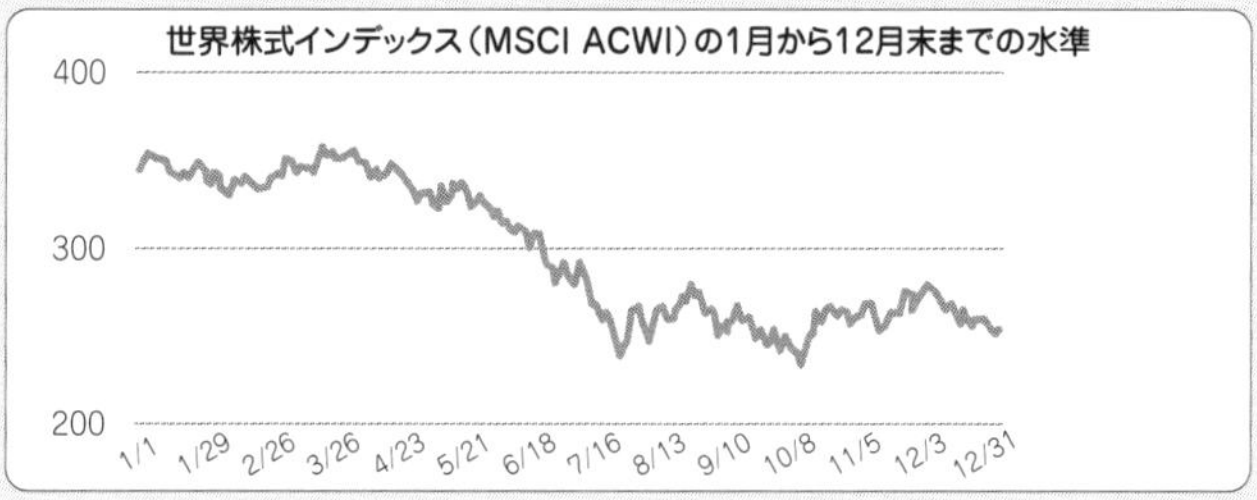

ふたつ目のグラフは、同じく2002年と、その20年後の2022年を並べたものです。

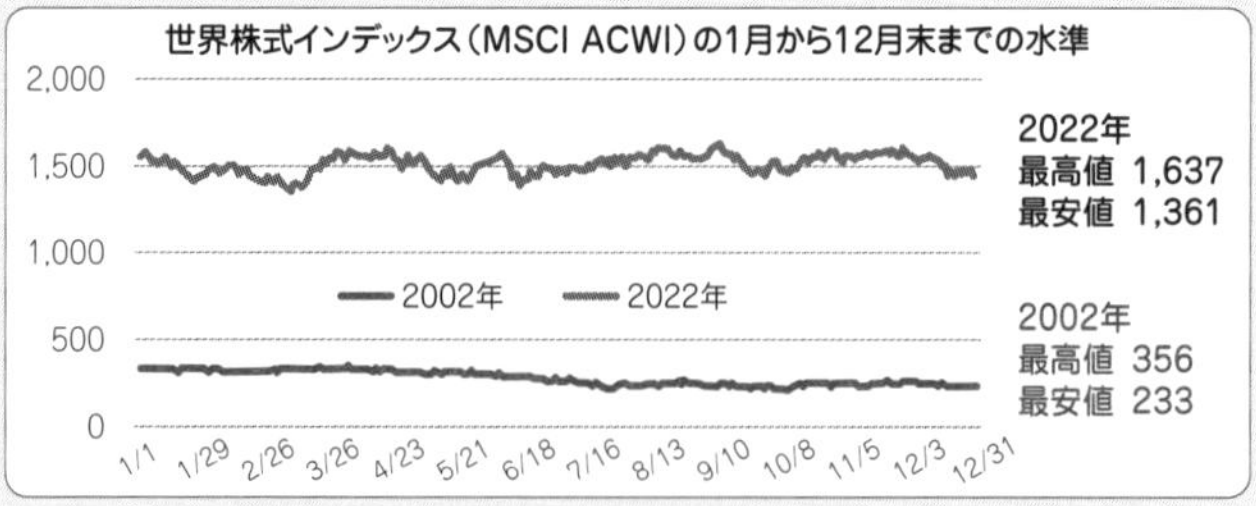

＊MSCI Inc. ACWI Gross JPY（2002年および2022年の通年）を対象に分析。信託報酬などのコストは考慮せず

2022年だけを見ると、上げ下げが大きく感じられるかもしれませんが、20年前の水準と比べると、まったく水準が異なっており、20年前に投資した人が損失になるほど下落するとは考えづらいのではないでしょうか。短期的な動きに動揺することなく、長期的にどっしり構えていただければと思います。

7章

新しいNISAを充実させる「家計管理、ライフプラン」の極意！

ライフプランとファイナンシャルプランを作成しよう

新しいNISAは税金ゼロで、長期的な資産形成に取り組む際にはとても有利な制度であること、そして、世界の幅広い株式を対象としたインデックスファンドへの投資がおすすめであることを説明してきました。お金を貯め、有利に増やしていくことがポイントですが、資産形成はそもそも、なんのためにおこなうのでしょうか？

そこで大切なのがライフプランとファイナンシャルプランです。お金は生きているうちしか使えません。お金を貯めて増やすのは、基本的に将来のどこかの時点で、自分や家族（人によっては社会↓つまり寄付）のために使うのが目的です。

それを実現するためには、今後どんな人生を生きていくかというライフプラン、そしてどんなタイミングでお金が必要になるかというファイナンシャルプランが必要です。

「日本人は、死ぬときが人生でもっとも金持ちになっている」という笑えない話があります。漠《ばく》然《ぜん》とした不安をかかえ、節約に励《はげ》みながらお金を貯めつづけ、結果的に亡くなったときに最大のお金をもっているということです。

今後の人生でいつ、どのくらいお金が必要になりそうか、ライフプランとファイナンシャルプランをぜひつくってみましょう。

なんのために資産を形成する？

ライフプラン

・自分と家族は、今後どんな人生を生きていくか？

ファイナンシャルプラン

・人生のどのタイミングでお金がいくら必要か？

資産形成の実践

・積み立てる、保有を継続、売却して使う。

今後の人生全体を見通しながら、お金の貯めどき、使いどきを考えよう！

ライフプランシミュレーションで将来のお金を読む

今後のライフプランを決めたら、将来のお金を〝見える化〟するために、ライフプランシミュレーション（以下、LPS）がおすすめです。

LPSは、左ページのように「家族構成、今後の収入、支出、資産残高の推移」などを表にしてまとめ、グラフなどで表示します。LPSをおこなうためには、現在の「手取り収入、支出、資産残高、負債残高」を確認する必要があります。

LPSをおこなってみると、現在のペースでお金を稼ぎ、使っていったとき、10年後、20年後にはいくらぐらい貯まっていそうか、などが見える化できます。「マイホームの住宅ローンがあと20年続くのか」「子どもの教育費は7年後くらいが一番きつそうだな」「50代後半で預貯金が減っていくけど、退職金があればなんとかなるかな」など、お金の長期的な見通しを立てやすくなります。

その結果、お金に対する漠然《ばくぜん》とした不安が軽減され、長期的に安心して資産形成に取り組んでいけるのではないかと思います。

たとえば、日本FP協会ではワークシート型ツールを提供していますし、筆者もLPS用のExcelをウェブサイトで無料配布しています。ぜひ使ってみていただければと思います。

将来の「お金」を見える化する

将来のライフイベントを整理したうえで、今後の収入と支出、現在の資産状況を確認して「将来の見込み」をシミュレーションしてみよう。

経過年数		現在	1	2	3	4	5	6	7	8	9	
西暦			2022	2023	2024	2025	2026	2027	2028	2029	2030	2
年齢												
日本 太郎			42	43	44	45	46	47	48	49	50	
日本 花子			40	41	42	43	44	45	46	47	48	
日本 あおい			10	11	12	13	14	15	16	17	18	
日本 はると			8	9	10	11	12	13	14	15	16	
マイホーム(マンション)			10	11	12	13	14	15	16	17	18	
家計収支(キャッシュフロー)の推移(万円)												
日本 太郎 給与収入			400	400	400	400	400	400	400	400	400	
日本 太郎 公的年金収入			0	0	0	0	0	0	0	0	0	
日本 花子 給与収入			300	300	300	300	300	300	300	300	300	
日本 花子 公的年金収入			0	0	0	0	0	0	0	0	0	
基本生活費			-320	-320	-320	-320	-320	-320	-320	-320	-320	
特別生活費			-60	-60	-60	-60	-60	-60	-60	-60	-60	
住居費			-172	-172	-172	-172	-172	-172	-172	-172	-172	
保険料			-24	-24	-24	-24	-24	-24	-24	-24	-24	
一時支出			-50	0	0	0	0	0	0	0	0	
日本 あおい 教育費			-31	-34	-37	-46	-44	-57	-116	-89	-85	
日本 はると 教育費			-26	-29	-31	-34	-37	-46	-44	-57	-116	
年間収支			17	61	56	45	44	22	-36	-22	-77	-134
資産残高(バランスシート)の推移(万円)												
生活資金(預貯金)	0.0%	800	777	798	814	819	822	844	809	787	710	696
投資資産	4.0%	200	280	322	387	455	525	558	592	626	695	584
不動産	-1.0%	4,000	3,960	3,920	3,881	3,842	3,804	3,766	3,728	3,691	3,654	3,618
その他資産		0	0	0	0	0	0	0	0	0	0	0
負債(住宅ローン等)		-3,061	-2,959	-2,856	-2,751	-2,644	-2,536	-2,427	-2,315	-2,202	-2,088	-1,971
純資産		1,939	2,058	2,165	2,332	2,472	2,615	2,741	2,814	2,903	2,942	2,926
生活 ー 投資 振替			40	40	40	40	40	0	0	0	0	[illegible]
DC事業主掛金 / 奨励金			12	12	12	12	12	12	12	12	12	12

ライフプラン
シミュレーション用
Excelのダウンロード
はこちらから!

資産残高(バランスシート)の推移(万円)

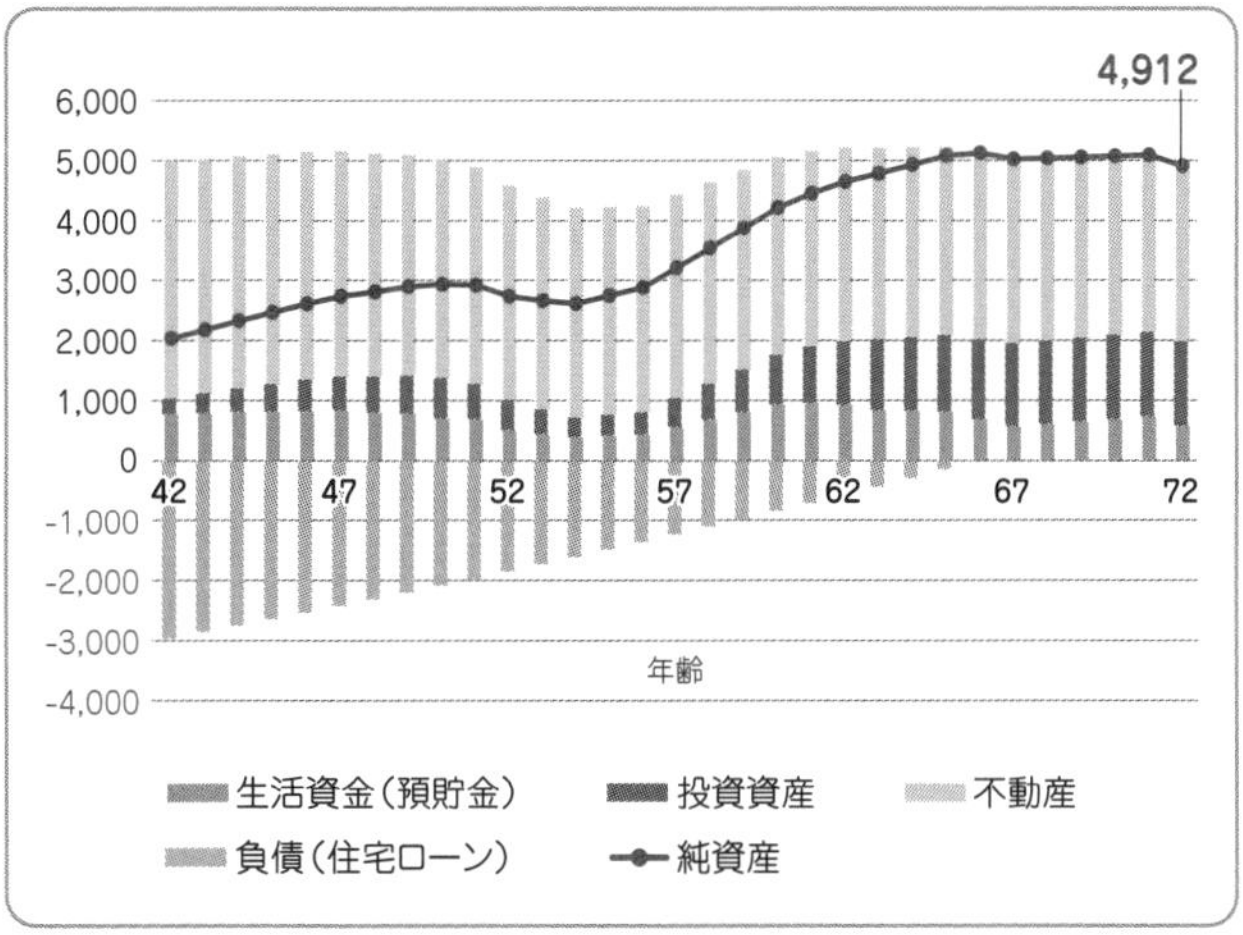

家計の「手取り収入」を確認しよう

ライフプランシミュレーションをおこなうための第一歩は、家計の状況を確認すること。まずは手取り収入がいくらか確認することからスタートします。

ここでは会社員の方を例に、説明します。年収400万円という言い方をよくしますが、これは社会保険料や税金（所得税および住民税）が引かれる前の金額で、自分自身で自由に使えるお金である手取り収入とは異なります。

手取り収入は、左ページの計算式で確認できます。まず、毎年年末か年初に受け取る源泉徴収票を準備してください。そこに記載されている「支払金額」から、「社会保険料等の金額」と「源泉徴収税額」（所得税）を引き算します。

さらに住民税を引きますが、住民税は源泉徴収票では確認できないため、給与明細に記載されている金額を12倍して年額にするか、6月ごろに会社から配られる住民税決定通知書で確認します。なお、概算金額にはなりますが、源泉徴収票に記載の「(「給与所得控除後の金額」－「所得控除の額の合計額」)×10%」として計算しても、大まかな住民税額を知ることは可能です。

ご自身の手取り収入はいくらでしたでしょうか？

年収と手取りの差を認識する

手取り収入 ＝ **支払金額** － **社会保険料等の金額** － **源泉徴収税額** － **住民税**

支払金額・社会保険料等の金額・源泉徴収税額：源泉徴収票で確認

住民税：給与明細 もしくは 住民税決定通知書 で確認

概算なら源泉徴収票で（「給与所得控除後の金額」－「所得控除の額の合計額」）×10% でもOK

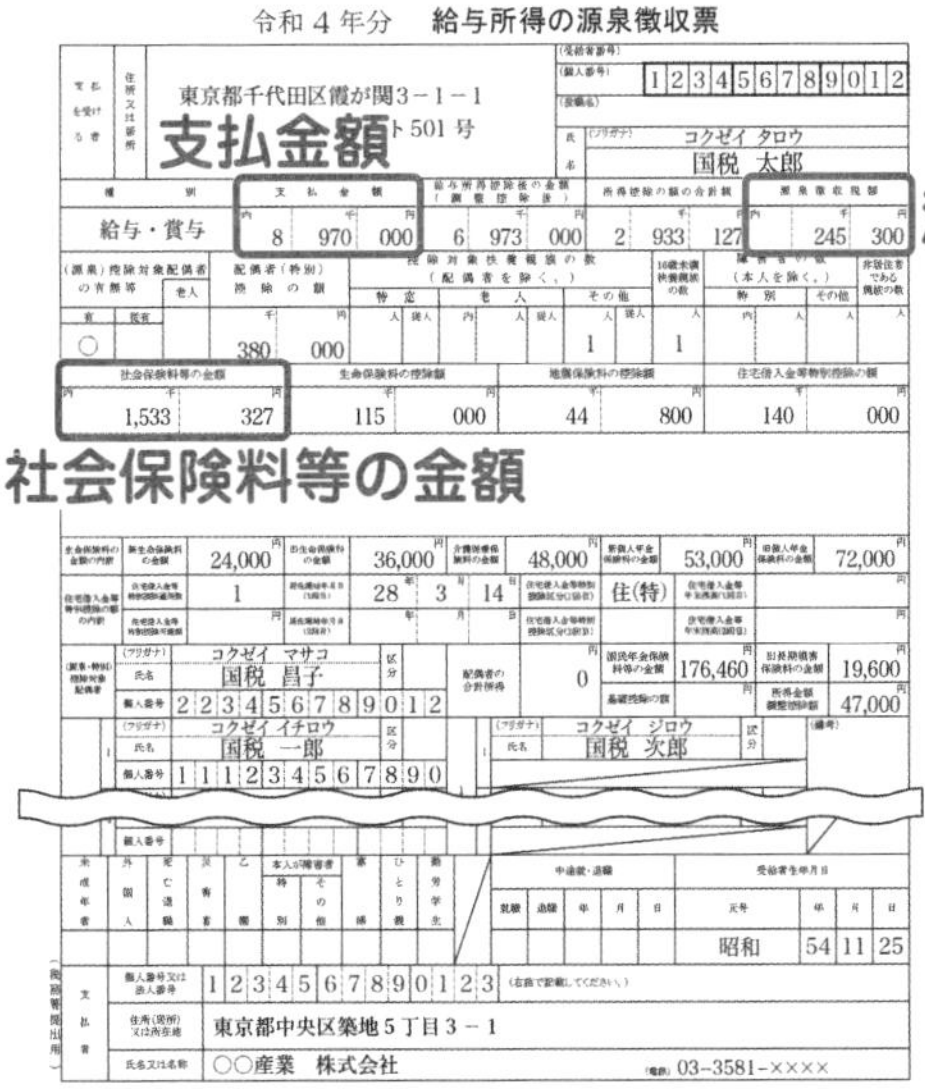

令和４年分　給与所得の源泉徴収票

住所又は居所：東京都千代田区霞が関3－1－1　…ト501号

個人番号：123456789012

氏名：コクゼイ タロウ　国税 太郎

種別	支払金額	給与所得控除後の金額（調整控除後）	所得控除の額の合計額	源泉徴収税額
給与・賞与	8,970,000	6,973,000	2,933,127	245,300

配偶者（特別）控除の額：380,000

社会保険料等の金額	生命保険料の控除額	地震保険料の控除額	住宅借入金等特別控除の額
1,533,327	115,000	44,800	140,000

（源泉・特別）控除対象配偶者：コクゼイ マサコ　国税 昌子　個人番号 223456789012

国民年金保険料等の金額 176,460　旧長期損害保険料の金額 19,600　所得金額調整控除額 47,000

コクゼイ イチロウ　国税 一郎　11234567890
コクゼイ ジロウ　国税 次郎

受給者生年月日：昭和 54 11 25

支払者：個人番号又は法人番号 1234567890123
住所（居所）又は所在地：東京都中央区築地５丁目３－１
氏名又は名称：○○産業　株式会社　（電話）03-3581-××××

＊国税庁「令和4年　給与所得の源泉徴収票等の法定調書の作成と提出の手引」より

まずは源泉徴収票を用意して「手取り収入」を確認しよう！

家計の支出を確認して収支が黒字か赤字か知る

手取り収入が確認できたら、つぎは支出です。支出を知るには家計簿をつける必要があるのでは、と思うかもしれませんが、そんなことはありません。

左ページの上の式にあるように、前年12月末時点の預金残高に、すでに確認した手取り収入を足し、そこから今年12月末時点の預金残高（預金以外で積立などをおこなっている場合にはその積立額も）を差し引くことで、支出の総額を計算できます。具体的な使いみちはともかく、1年間で合計いくら使ったのか、まずは総額を確認しましょう。

手取り収入と支出がわかれば、引き算することで家計として黒字なのか、赤字なのか、お金が貯まっているのかどうか…が確認できます。

なお、支出の内訳を確認したい場合は左ページ下の表のように、基本生活費、特別生活費、住居費、保険料、教育費、その他と整理してみましょう。なかでも、住居費、保険料、教育費については金額が比較的把握しやすいため、これらをまず確認します。すると、残りが基本生活費と特別生活費です。これらの詳細は、必要に迫られない限りは確認しなくても問題ないでしょう。まずは、それほど手間をかけなくてもわかる範囲で、確認してみましょう。

1年間でいくら使ったかを知る

支出 ＝ 前年12月末の預金残高 ＋ 手取り収入 − 今年12月末の預金残高 − 預金以外の年間積立額

使いみちはともかく「1年間でいくら使ったか」がわかります

資産形成額 ＝ 手取り収入 − 支出
＝ 今年12月末の預金残高 ＋ 預金以外の年間積立額 − 前年12月末の預金残高

年間で家計が黒字なのか、赤字なのか、それが第一歩です!

支出の内訳例

項目	内容		
1. 基本生活費	毎月生活していく上で必要となる費用		
	□ 食費	□ 日用品	□ 衣服・美容
	□ 水道光熱費	□ 通信費	□ 自動車
	□ 趣味・娯楽	□ 教養	□ 交際費
2. 特別生活費	毎月発生するわけではないが、毎年どこかのタイミングで必ず必要となる費用と、基本生活費で賄えなかった時のための予備費		
	□ 旅行代	□ 帰省費用	
	□ 冠婚葬祭	□ 予備費	
	□ 家電の買い替え	□ 予備費	
3. 住居費	□ (持家の場合)住宅ローン、管理費・修繕積立金、固定資産税		
	□ (賃貸の場合)家賃、更新料		
4. 保険料	生命保険料、火災保険料、自動車保険料など		
5. 教育費	学校教育費、学校給食費、学校外活動費など		
6. その他	上記1〜5以外で何かある場合		

家計の資産状況【バランスシート】を確認しよう

つぎは資産状況を確認しましょう。持っているお金（資産）と、借りているお金（負債）を表にまとめていくだけですが、企業が作成する貸借対照表（バランスシート）と同じ形式のため、家計版バランスシートともよばれます。ここではマイホームを持たないシングル（独身）の方、マイホームを持つご夫婦の方の2パターンをイメージして説明します。

シングルの場合、預貯金、有価証券、お勤め先の退職金・企業年金など、お持ちの資産を列挙し、それらの合計金額が資産となります。いっぽう、負債（借入金など）はクレジットカードの利用残高や、奨学金、自動車ローンなどです。

資産合計から負債合計を引くと純資産になりますが、これは手元のすべての資産を売却・換金して、すべての負債を返済した場合に最終的に残るお金です。

つぎに、マイホームを持つご夫婦の場合です。資産にはマイホーム（不動産）をくわえますが、金額は購入したときの金額ではなく、現時点で売却したらいくらになりそうかという金額（市場価格）で記入します。不動産サイトなどに掲載されている、売りに出ている近隣の類似物件から推定してみましょう。大まかな金額がわかれば十分です。負債には住宅ローン残高を記入します。

純資産の金額を確認してみましょう。

総資産、純資産の金額を知る

シングルの人の資産状況(バランスシート)の例

資産(金融資産、不動産…)=620万円	負債(ローン、クレカ利用残高…)=10万円
預貯金 本人　普通預金　470万円	**クレジットカード利用残高**　10万円程度 **住宅ローン(最新の残高)**　なし
有価証券 本人　投資信託　50万円	
退職金・企業年金など 本人　企業型確定拠出年金　100万円	**自動車ローン**　なし
生命保険契約(解約返戻金) なし	**教育ローン**　なし **奨学金**　なし
不動産(自宅、収益物件等) なし	**その他借入**　なし **純資産　＝　610万円**
その他(換金できそうな資産:自動車等) なし	⇧ 資産合計から負債合計を引いた金額

マイホームを持つ夫婦の資産状況(バランスシート)の例

資産(金融資産、不動産…)=5,179万円	負債(ローン、クレカ利用残高…)=3,020万円
預貯金 本人　普通預金　300万円 配偶者　普通預金　200万円	**クレジットカード利用残高**　20万円程度 **住宅ローン(最新の残高)** 本人　2,000万円 配偶者　1,000万円
有価証券 本人　投資信託　50万円 配偶者　投資信託　70万円	
退職金・企業年金など 本人 退職金　1,200万円(見込み、60歳) 本人　企業型確定拠出年金　51万円 配偶者 個人型確定拠出年金　38万円	**自動車ローン**　なし
生命保険契約(解約返戻金) 本人　終身保険　43万円 配偶者　個人年金保険　27万円	**教育ローン**　なし **奨学金**　なし
不動産(自宅、収益物件等) 自宅(マンション)　3,200万円	**その他借入**　なし **純資産　＝　2,159万円**
その他(換金できそうな資産:自動車等) なし	⇧ 資産合計から負債合計を引いた金額

お金は4つに分けて管理するといい

家計の資産状況が確認できたら、金融資産（預貯金、有価証券、確定拠出年金など）を4つに分けて整理しましょう。

ひとつ目は「ふだん使うお金」で、1・5か月程度の生活費を生活費用口座に入れておきます。給与の振込口座にしておき、クレカや水道光熱費など各種引き落としを設定します。

ふたつ目は「とっておくお金」で、なんらかの理由で収入を失った場合に備えて、6か月から1年程度の生活費を入れておきます。ひとつ目とは別の口座（例えば定期預金口座や、別の金融機関口座など）に分けておくとよいでしょう。共働き夫婦なら6か月分で十分かもしれませんが、フリーランス＆専業主婦（夫）だと1年分でも心もとないかもしれません。

3つ目は「もうすぐ使うお金」です。5年以内に使う予定が決まっているお金は、取り分けておきましょう。結婚や住宅購入、子どもの教育費などのライフイベントで必要になるお金です。

これまでの3つに当てはまらないお金は、当面は使う予定のない、「老後に使うお金」になります。この中の一部を「新しいNISA」や「iDeCo（個人型確定拠出年金）」などの投資にまわしていくのがよいでしょう。

まぜこぜでなく、口座をわける

1
ふだん使うお金
（日常生活費）

1.5か月程度の生活費

〈現金もしくは預貯金〉

2
とっておくお金
（生活防衛資金）

6か月〜1年程度の
生活資金

〈預貯金や
個人向け国債
などの
元本保証商品〉

3
もうすぐ使うお金
（ライフイベント準備金）

5年以内に
必要となる資金

結婚、出産、住宅購入頭金、
教育費、クルマの買い替え資金、
独立資金など

〈預貯金や個人向け国債などの
元本保証商品〉

4
老後に使うお金
（老後資金）

他の3つに
あてはまらないお金

安全資産＋運用資産

〈元本保証商品＋投資信託〉

投資にまわせるお金はいくらまでOKか？

お金を4つに分けましたが、このなかで、新しいNISAなどの投資にまわしてもよいお金は、基本的には4つ目の老後に使うお金（当面使う予定のないお金）の一部です。

金額にもよりますが、最初は「老後に使うお金」のうち、1割程度を投資に割り当ててみるとよいでしょう。「老後に使うお金」が100万円あったら、10万円分を投資にまわすイメージです。毎月5,000円の積立で始めると20か月つづけられます。

慣《な》れてきたら金額を少しずつ増やしていくとよいでしょう。将来的には3割、7割など、ご自身のリスク許容度（どのくらいのリスクまでOKか）に応じて調節していくとよいでしょう。

老後に使うお金の前に、とっておくお金（6か月〜1年分程度の生活費）がまだ十分にないという方は、そちらを優先して貯めましょう。

ただ、できれば月1,000円でいいので、積立投資を始めておくのがおすすめです。少額からでも積立投資の経験をつんでおくと、日々、価格変動するリスク資産がどんなものか理解できるようになっていきます。また、口座開設などをすべておこなっておけば、資金的な余裕がある程度できたタイミングで、増額することも簡単です。

運用資産は「少なめ ➜ 多め」で

「安全資産」と「運用資産」の割合を決めよう！

正解はありませんが、最初は運用資産（リスク資産）を老後に使うお金の1割など、少しずつ始めていくのがおすすめ。

安全資産	**運用資産**（リスク資産）
・預貯金、個人向け国債など ・円建て、元本保証で	・投資信託などの運用資産 ・新しいNISA、iDeCo（確定拠出年金）など

慣れてきたら、少しずつ「運用資産」の割合を増やしていきます。

安全資産	**運用資産**（リスク資産）
・預貯金、個人向け国債など ・円建て、元本保証で	・投資信託などの運用資産 ・新しいNISA、iDeCo（確定拠出年金）など

年に1度はお金の棚卸《たなおろ》し、できればライフプランシミュレーションを！

本章では、ライフプランから、手取り収入、支出、資産状況の把握、そしてライフプランシミュレーションなど、家計状況を確認する方法を説明してきました。

いままで1度もやったことがないという方は、ぜひ1度やってみてください。やったことがある方も、今後はできれば、年に1度くらいのペースで見直していくのがおすすめです。

ライフプランシミュレーションでは、一般的に20〜30年など長期的なお金を〝見える化〟します。現在のペースでお金を稼ぎ、使い、そして投資していくと、将来はどのくらい貯まっているのか、大まかな金額を見積もることができます（精緻な計算というわけではありません）。

結婚や転職などのライフイベント、お金を使いすぎてしまった、コロナでお金を思ったほど使わなかった、マイホームを購入した・売却した、運用利回りが想定よりもよかった・悪かったなど、実際の状況はたった1年でも大きく変わる可能性があります。

そういった状況をふまえ、体の健康診断のように、お金の健康診断として定期的にライフプランシミュレーションをするのがおすすめです。

お金の「健康診断」を忘れずに

診断!

**ライフプランの変更
があったら…**

結婚、転職、独立、出産など

診断!

**収入の変化
があったら…**

昇給、転職、
フルタイム勤務へ変更など

診断!

**支出のズレ
があったら…**

使いすぎ、
想定外の臨時費用、
思ったほど使わなかったなど

診断!

**資産状況の変化
があったら…**

想定と異なる運用利回り、
マイホームの購入・売却、
生命保険への加入など

何かライフイベントがあったとき、もしくは年に1回など、定期的に「ライフプランシミュレーション」をしていきましょう。

新しいNISAの出口戦略「お金には使いどきがある」

新しいNISAを最大限活用して資産形成することで、20年後、30年後には3、000万円、5、000万円といった資産を築かれる方も出てくると思います。ここで大切なポイントは、「お金を使えるのは生きているうち」ということです。人生最期《さいご》の日を迎えるときまでに、お金を上手に使いながら人生をより豊かに、より幸せにすごしていくことが大切です。

新しいNISAは無期限で非課税ですから、利益を追い求め非課税メリットを最大化しようとすると「できるだけ長く保有を継続すべき」ということになります。しかし、それでは人生におけるお金の使いどきを逃してしまうかもしれません。

最近は60代以降も働き続ける方が増えていますが、それでも一般的には60～70歳ころにリタイアし、年金生活にシフトしていきます。人生でそのようなステージに入ったら、新しいNISAのお金を少しずつ売却して、取り崩しながら使っていくことも大切です。

ただ、マーケット動向を見ながらできるだけ高いときに売却しよう、などと考えてしまうと心が休まりません。基本的には、投資信託の定期売却サービスなどを利用しながら、積立投資のちょうど逆で定期的に淡々《たんたん》と売却していくのがおすすめです。

資産1,000万円を取り崩していくと…

1,000万円を毎月5万円取り崩していった場合（利回り別）

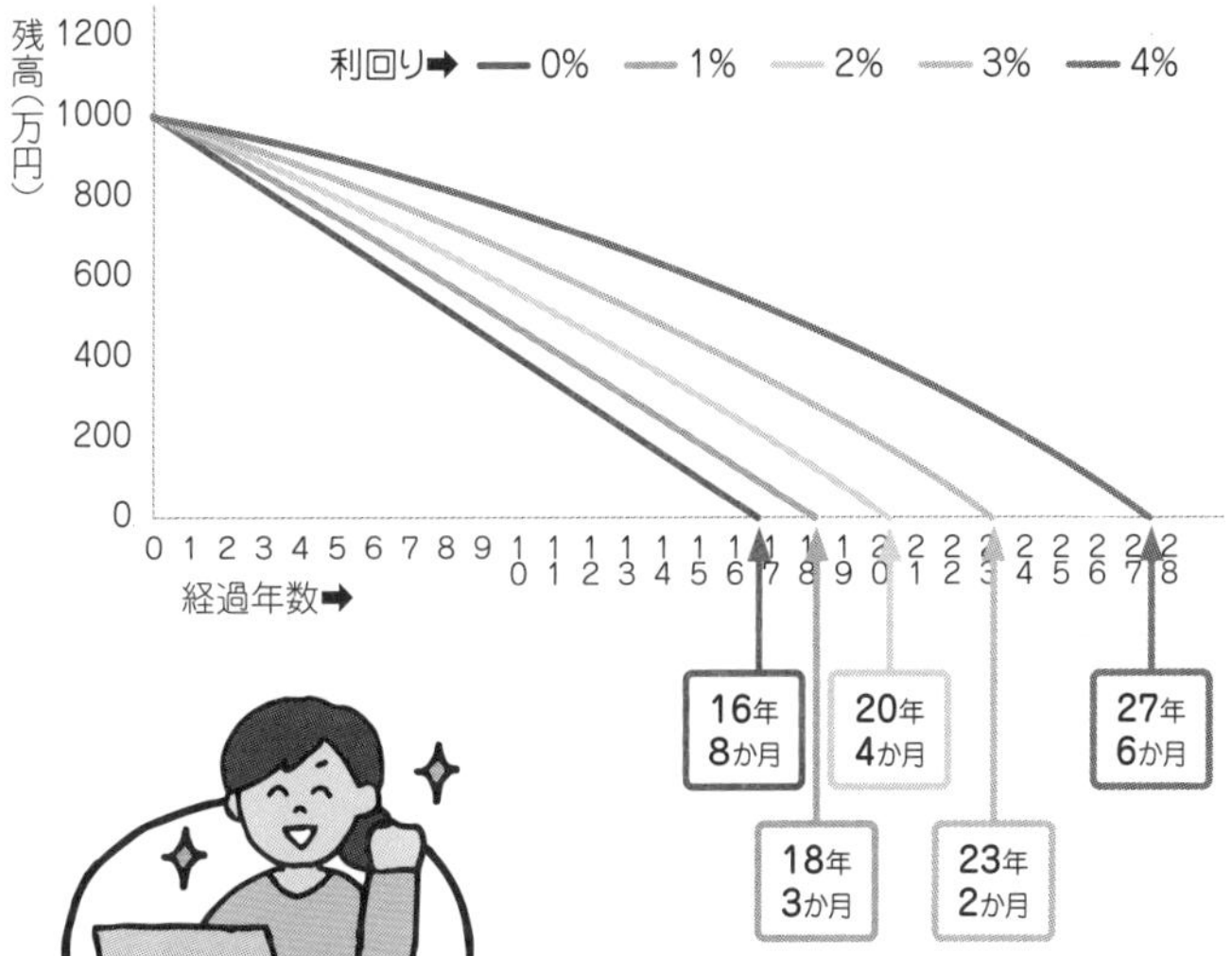

＊この試算では、利回りが確定しているものとして計算しています。

★ 人生の後半では、投資信託の定期売却サービスを利用して、毎月など定期的に取り崩していくのがおすすめ。

★「上がった」「下がった」を気にする必要はありません！

おわりに――

私自身、投資信託をはじめて購入したのは、学生で就職活動をしていた頃でした。それから20余年、みずからの資産形成では、試行錯誤してきました。なぜ株式投資は儲かるのか？自分なりに、やっとたどり着いた考え方が、本書で説明した「パンづくりとGDP」（126ページ）の話です。

いい銘柄を選び、株価が安いときに買って、高くなったら売る。それが株式投資だ……と考えている人も多いでしょう。しかし、株式がリターンを生み出す源泉は「世の中に商品やサービスを提供する」という株式会社の活動です。この核心がお伝えできたならば、著者として望外の喜びです。

最後に、本書の執筆を終始サポートしてくださった出版プロデューサーの長尾義弘さんはじめ、日頃からお付き合いくださっている弊社のお客様、FP業界や金融機関の関係者のみなさまには、深甚《しんじん》なる感謝を申し上げます。

一人でも多くの「フツーの人にフツーの資産形成を」届けられましたら幸いです。

横田健一 よこた・けんいち

ファイナンシャルプランナー、株式会社ウェルスペント代表取締役。1976年、静岡県生まれ。東京大学理学部物理学科卒業、同大学院修士課程修了。マンチェスター・ビジネススクール経営学修士(MBA)。大手証券会社でデリバティブ商品の開発やトレーディング、経営企画、フィンテックの企画・調査などを経験後、2018年に独立。「フツーの人にフツーの資産形成を!」のコンセプトで、年間100万PVを誇る情報サイト「資産形成ハンドブック」やYou Tubeで情報発信しながら、家計相談やライフプラン・シミュレーションをおこない、個人の資産形成をサポートしている。

CFP®(日本FP協会認定)、1級ファイナンシャル・プランニング技能士、日本証券アナリスト協会検定会員(CMA®)、住宅金融普及協会 住宅ローンアドバイザー、2級DCプランナー(企業年金総合プランナー)。一般社団法人 投資信託協会「すべての人に世界の成長を届ける研究会(通称:つみけん)」客員研究員。

〈著者のサイト〉 【HP】 【YouTube】 【Twitter】 【Facebook】

新しいNISA かんたん最強のお金づくり

二〇二三年 六 月三〇日 初版発行
二〇二三年一二月二〇日 7刷発行

著　者――横田健一
企画・編集――株式会社夢の設計社
東京都新宿区早稲田鶴巻町五四三 郵便番号一六二―〇〇四一
電話(〇三)三二六七―七八五一(編集)
発行者――小野寺優
発行所――株式会社河出書房新社
東京都渋谷区千駄ヶ谷二―三二―二 郵便番号一五一―〇〇五一
電話(〇三)三四〇四―一二〇一(営業)
https://www.kawade.co.jp/
DTP――アルファヴィル
印刷・製本――中央精版印刷株式会社

Printed in Japan ISBN978-4-309-29299-1